知识产权简明教程

王喜媛　王　勇　编著

西安电子科技大学出版社

内 容 简 介

本书的特色在于以我国现行的知识产权相关法律为依据，结合典型案例分析，紧贴现实需求，注重知识产权规则的运用，帮助读者理解法律条文、掌握学习和工作中涉及的知识产权知识，使读者能运用知识产权法律规范去解决社会现实中的知识产权问题。

全书内容包括：知识产权概述、著作权、专利权、商标权、集成电路布图设计专有权、计算机软件著作权，书中附录部分还介绍了著作权登记、专利申请、商标注册、集成电路布图设计专有权登记和计算机软件著作权登记等实务操作要求。

本书主要面向非法学类专业的大学生和研究生，以及对知识产权感兴趣的社会人士，是一本实用的参考用书。

图书在版编目(CIP)数据

知识产权简明教程 / 王喜媛，王勇编著. --西安：西安电子科技大学出版社，2023.8
ISBN 978－7－5606－7031－7

Ⅰ. ①知… Ⅱ. ①王… ②王… Ⅲ. ①知识产权法—中国—教材 Ⅳ. ①D923.4

中国国家版本馆 CIP 数据核字(2023)第 160255 号

策　　划　刘芳芳
责任编辑　赵婧丽
出版发行　西安电子科技大学出版社（西安市太白南路 2 号）
电　　话　(029)88202421　88201467　　邮　　编　710071
网　　址　www.xduph.com　　电子邮箱　xdupfxb001@163.com
经　　销　新华书店
印刷单位　西安日报社印务中心
版　　次　2023 年 8 月第 1 版　2023 年 8 月第 1 次印刷
开　　本　787 毫米×1092 毫米　1/16　　印张 8.25
字　　数　156 千字
印　　数　1～1000 册
定　　价　31.00 元
ISBN 978－7－5606－7031－7 / D
XDUP 7333001-1

前　言

近几十年来，我国知识产权制度的发展极其迅速，在社会上产生了一定的影响。虽然知识产权这个名词非常普及，但是社会公众对知识产权的认知程度并不高，对知识产权的保护意识也不强。对于社会公众特别是高校学生而言，不论从理论意义方面还是实践意义方面，学习知识产权法律知识都非常有必要。

2021 年 6 月 1 日开始，我国知识产权法律中最重要的三部法律(著作权法、专利法、商标法)中，有两部即《中华人民共和国著作权法》(2020 年 11 月 11 日公布修正法案)和《中华人民共和国专利法》(2020 年 10 月 17 日公布修正法案)的最新修订版本正式实施，修订版本中对法条有若干重要调整，因此出版一本适应现行法律法规的知识产权书籍，以供社会公众学习知识产权法律知识和了解相关法律实务是很有必要的。

本书紧紧围绕《国家知识产权战略纲要》中提出的“激励创造、有效运用、依法保护、科学管理”十六字方针展开。全书在内容安排上遵循法律知识阐释的特点，由点及面、由浅入深地展开讲解，并且采用附录的形式将著作权登记、专利申请、商标注册、集成电路布图设计专有权登记和计算机软件著作权登记等相关知识产权的实务操作进行了较为详尽的说明。

本书秉承以基本理论和知识框架为先导的教学原则，辅助以课外思考题，帮助学生了解、熟悉和掌握相关内容，提高知识接受度和学习效率；秉承理论指导与学习分析相结合的教学原则，引导学生学会分析问题、解决问题，形成理性严谨的法律思维习惯；秉承知识从实践中来到实践中去的教学原则，融入现实的案例，培养学生的独立思考习惯和创新思维，帮助提高分析和综合信息的能力。

本书得到了西安电子科技大学“教材建设基金资助项目”“本科生教改项目”和“研究生教改项目”的资助，在此致谢。

本书由王喜媛、王勇合作编写。囿于编者的编写水平，书中难免会有不足之处，真诚地希望广大的读者朋友们批评指正，共勉！

编　者

2023 年 3 月

目 录

第一章 知识产权概述

知识产权是由人类智力劳动成果依法产生的专有权利，具有非物质性、专有性、地域性和时间性的特点。读者可结合本章知识产权法律制度的发展历程学习知识产权的概念、性质、特征、范围、国际保护以及知识产权法。

1.1 知识产权的概念和性质

一、知识产权的概念

知识产权的字面意思是指“对知识的产权”，英文表述为“Intellectual property”，原意为“知识(财产)所有权”或“智慧(财产)所有权”。而产权是指法律意义上的财产权，在民事权利制度体系中，知识产权与传统的财产权是有明显区别的。法律上的财产通常是指有形财产，如一栋房子、一辆汽车、一部手机等，这些物质财产都具有一些共同的属性。美国波斯纳等学者认为法律上的财产必须符合三个方面的条件：一是因稀缺而具有价值；二是能够归属于某一特定主体，且该主体能够排除他人的共享和干涉；三是可以以一定价格或方式让渡给他人。根据这三个条件，有形物在人类历史上最先成为法律上的财产。

在古代，发明创造和文艺作品是不是法律上的财产呢？以我国的印刷术为例，它是人类文明的先导，为知识的广泛传播、交流创造了条件，显然具有巨大的价值。最早发明印刷术的人现在已经无从考证，但是毫无疑问的是，其发明者一定为此付出了大量艰辛的劳动，经过了反复多次的实验才能发明出印刷术。发明出印刷术需要天才的创造力，可是重复使用它对于一个普通的工匠来说都很简单。由于古代印刷术的发明者无法对发明创造成果进行排他性控制，因此这些发明创造成果无法成为法律上的财产。文艺作品也是如此，作品创作完成后，一旦传播出去就会被广泛传抄，作者是无法控制的。

无论是技术方案还是作品，都是一种信息，信息的本质决定了它能够天然自由流动。信息一旦传播出去，就可以被人们轻易地进行复制和再传播，提供信息的人无法依靠自身的力量对信息进行排他性的控制，因此，信息所表达的智力成果不可能成为法律意义上信息创造者的财产。那么，发明创造、文艺作品等信息构成的智力成果究竟是如何成为法律所承认并保护的财产的呢？原本“自由”的信息又是如何变成了信息创造者的财产的呢？答案就是——知识产权的法律制度。

伽利略在17世纪发明了一种灌溉机，他向当时的威尼斯国王写信，恳求国王承认他的发明创造的技术方案是属于他的个人财产。国王通过法律规定了技术方案具备法律上的财产的第二个和第三个属性，即排他性和可转让性。即通过赋予发明人对其发明创造成果以排他性使用权和可转让性使用权的方式，法律强制性地使技术方案成为发明人在法律上的财产，从而创造出前所未有的财产权形式。

法律之所以要将“自由”的信息转变为属于创造者的财产，是出于实行特定公共政策的需要。在近代欧洲，科学技术在经济发展和社会进步中的重要作用日益显现，同时各国间人才流动愈加频繁，各国需要通过法律赋予发明人对其发明创造的财产权来激发他们投身发明创造的积极性，使发明人在自己享有财产权的同时，造福国家和人民，最终推动整个人类社会的进步和发展。

作品从自由传播的信息演变为由作者享有的财产，同样是法律创设著作权的结果。作者创作作品往往付出极大的心血和创造性的劳动，但造纸术和印刷术的应用使得作品的传播和复制极为便利。如果不强制性地将作品界定为作者的法律意义上的财产，使作者从作品中获得合理报酬，就难以繁荣文艺作品的创作。因此，著作权法律制度创设了由作者专享复制、发行、公开表演等著作权的权利内容。并且人们发现，从技术发展的规律来看印刷机、照相机、留声机、电视机、放映机、计算机、互联网等，每一次复制和传播技术的巨大进步都会引发著作权法的相应变革。

17世纪中叶的法国学者卡普佐夫最早将一切来自知识活动领域的权利概括称为“知识产权”。后来为比利时法学家皮卡第所发展，他认为：“所有权原则上是永恒的，随着物的产生与毁灭而发生与终止；但知识产权却有时间限制。一定对象的产权在每个瞬间只能属于一个人或一定范围的人(例如共有财产)，使用知识产品的权利则不限人数，知识产品不因使用发生损耗，因为它可以无限地再生。”此后，知识产权学说在国际上广为传播，得到了多数国家和国际组织的承认。我国法学界采用概括方法说明的知识产权概念为：“知识产权是民事主体对特定有用信息的法定授予的财产权和法定保护的精神权。”

二、知识产权的性质

知识产权从性质上讲是一种有别于财产所有权的无形财产权，是一种民事权利，即一种私权。私权是与公权相对应的一个概念。私权是指私人(包括自然人和法人)所享有的各种民事权利。知识产权的产生、行使和保护，适用民法的基本原则和基本制度。各国对于知识产权的立法例有所不同：有的国家归入民法典，如越南；有的国家单独编纂知识产权法典，如法国；还有的国家单独立法，例如美国。我国是将知识产权纳入了《中华人民共和国民法典》的，属于基本法律民法向下的单行法。自 2021 年 1 月 1 日起施行的民法典第一百二十三条中，明确规定了知识产权是权利人依法就下列客体享有的专有的权利："(一)作品；(二)发明、实用新型、外观设计；(三)商标；(四)地理标志；(五)商业秘密；(六)集成电路布图设计；(七)植物新品种；(八)法律规定的其他客体。"

知识产权属于私权，但这并不意味着知识产权的行使完全不受国家公权力的调整和干预。以著作权为例，《中华人民共和国著作权法》(下文简称《著作权法》)中规定了合理使用和法定许可制度，实际上就是国家通过法律对著作权在特定条件下的限制。再如专利权的强制许可制度，在专利权人不愿他人实施其专利的情况下，国家知识产权局可以在法定条件下根据他人申请，许可申请人来实施专利权人的专利。这里需要注意，公权力依法调整和干预知识产权的行使并没有改变知识产权的私权性质。

有的人认为：专利权是国家授予的，如果没有专利局代表国家授权，专利权就无从产生，因此专利权带有行政权的性质。这当然是不能成立的。私权的产生是否需要国家机关经过法定程序加以认定，这与私权的性质并无直接关系。举例来说，婚姻需要民政部门登记，完成了登记手续的婚姻才依法取得相关权利，难道夫妻之间的权利是经过民政部门登记而取得就成了公权吗？显然这个观点是不能成立的。因此，判断知识产权是公权还是私权，标准在于主体之间的关系是否平等，权利的行使是以国家单方面意志为主，还是以各方面的意思自治为主。因为知识产权调整的主要是民事主体之间等价有偿的财产关系，权利的行使主要取决于民事主体之间的意思自治，所以知识产权是私权。

1.2 知识产权的特征

知识产权的特征是指知识产权相对于物权而言所具有的特征，包括非物质性、专有性、地域性和时间性。

一、非物质性

知识产权客体的非物质性是其区别于物权的最本质的特征。物权的客体是物，且主要是有体物，而知识产权的客体是具有非物质性的作品、发明创造、外观设计和商标等。知识产权的客体往往依附于物质载体，但这不意味着知识产权的客体是物质载体本身，知识产权的客体只是物质载体所"承载"或"体现"的非物质成果。举例而言，作家完成了一部十万字的小说，成为这个文字作品的著作权人，授权出版社发行印刷了该小说的书籍 1000 册，出版社是图书报刊出版者，享有著作权的邻接权。读者购买了小说的书籍，由此获得了小说书籍的所有权，仅仅获得的是书籍的物权，不能获得作品的著作权。作家对已售出的书籍不享有任何权利，因为作家享有的是对作品的著作权，不享有对作品的物质载体的所有权。尽管此时小说的物质载体是书籍，但是著作权的客体并不是书籍，而是书籍上承载的作品。

所以，获得物质载体并不等于享有物质载体所承载的客体的知识产权。例如，画家的美术作品售出后，购画者获得原作，但并不因此获得美术作品的著作权。同样地，转让物质载体所承载的客体的知识产权也并不一定必须转让物质载体本身，例如，作家授权出版社发行自己的小说并不需要转让自己小说的手稿。

二、专有性

知识产权的专有性也称独占性、排他性，是指未经知识产权权利人认可或法律特别规定，他人不得实施受知识产权专有权控制的行为。专有性是知识产权和财产所有权的共同特征，即他人未经财产所有权人许可，不得对物进行占有、使用、收益和处分。但是，这两者的效力内容和表现形式存在很大差别。

首先，专有性的来源不同，物权的专有性可以通过物权人对物的占有进行保护，知识产权的专有性只能通过法律进行保护。除非是通过偷窃或是抢夺等违法手段获取，他人未经占有人许可无法获得被占有的物。人们对物的占有意味着占有人可以天然排除他人的共享。在人类社会长期的社会活动中，根据生活经验和交易习惯，人们已经形成了物权的专有性观念。而保护知识产权只是在人类社会近三百多年出现的事物，由于作品、发明创造等非物质的智力创造成果无法被天然占有，因此人们难以自然形成对作品、发明创造的使用应当受到创作者或发明人排他性控制的观念。只有通过法律强制性将非物质的智力创造成果的特定使用权规定为属于创造者或创作者专有，他人未经许可使用构成侵权，必须承担法律责任，才能确立创造者或创作者的专有权利。

其次，侵犯专有性的表现形式不同。对所有权专有性的侵犯一般是通过对物的盗窃、抢夺、损毁或以其他方式侵占来实现，对知识产权专有性的侵犯与侵占物质载体无关，而一般是未经知识产权人的许可或缺乏法律特别规定的情况下，擅自实施受知识产权专有权控制的行为。例如，小偷盗窃了作家的电脑，侵犯的是作家对于电脑的所有权，但如果小偷将电脑中作家的小说擅自在网络发表，则侵犯了作家对作品的著作权。

三、地域性

知识产权的地域性是指除国际公约或条约、双边/多边协议或协定的特别规定外，知识产权的效力只限于本国境内。知识产权的这一特点有别于财产所有权。一般对于财产所有权的保护没有地域限制，公民移民后的财产，公司贸易从一国转入另一国的资金，都属于权利人所有，不会发生所有权失去法律效力的问题。但是知识产权则不同，按照一国法律获得承认和保护的知识产权，除签有国际公约或条约、双边/多边协议或协定外，知识产权没有域外效力，通俗地讲是指该国以外的其他国家没有保护的义务。这是由于知识产权是法定权利，也是一国公共政策的产物，必须通过法律的强制规定才能存在并实现，各国有关知识产权获得和保护的规定也是不尽相同的。

举例而言，在1992年10月18日之前，如果一名中国游客在法国被抢走了钱包，他可以要求法国警察抓住劫匪，找回钱包，因为财产所有权的保护是不受地域限制的。但是，如果一位中国作家的作品在 1992 年之前被法国公民不经许可翻译成了法文作品并出版发行，中国作家著作权的翻译权在法国却无法获得保护。因为在1992年之前，中国没有加入《保护文学艺术作品伯尔尼公约》(简称《伯尔尼公约》)等国际公约或条约，也没有与法国签订保护知识产权的双边/多边协议或协定，所以中国公民在中国获得的著作权仅在中国境内获得保护，中国以外的世界其他国家对其没有保护义务。

随着国际经济一体化的加速，知识产权的地域性有淡化的趋势，有些国家和地区正着力于建立一个共同的知识产权制度，例如，全球专利制度和欧盟统一商标注册制度等。国际条约在某种程度上削弱了知识产权的地域性特征，但这个法律特征在未来是否会被完全改变，还有待继续观察和研究。

四、时间性

知识产权的时间性是指大多数知识产权的保护期是有限的，一旦超过法律规定的有效期限，这一权利就自行消灭，不再受到法律保护了。例如，我国《专利法》规定发明专利权的保护期是二十年，实用新型专利权的保护期是十年，外观设计专利权的保护期是十五年。超出保护期限后，专利的技术方案或设计方案进入公共领域，可以被任何人自由使用。

知识产权的时间性和所有权的永续性是有明显区别的。对于所有权而言，只要作为客体的物没有出现损毁、灭失等情况，对该物的所有权就可以一直存在。事实上所有权的永续性会因标的物的消失存在着“事实不能”。而知识产权的标的是非物质形态的智力成果，不可能损毁和灭失，因此知识产权的时间性是“法律不能”。

知识产权的时间性是世界各国为了促进科学文化发展，鼓励智力成果公开所普遍采用的原则。知识产权是法律基于鼓励人们发明创造和文艺创作，并保护其利益的公共政策创设的，如果没有时间期限，将会妨碍公众根据前人的成果进行新的创造和创作，从而实际上阻碍了科学技术的发展和文学艺术的繁荣。

1.3 知识产权的保护范围、国际保护与知识产权法

一、知识产权的保护范围

知识产权作为一种以无形财产为客体的私权类型，其基本范畴随着科学技术的发展而不断改变。一般来说，各国对知识产权范围的界定遵循几个主要的知识产权国际公约，并有狭义和广义之分。

目前，世界上管理知识产权国际公约的国际组织主要有两个：世界知识产权组织(World Intellectual Property Organization，WIPO)和世界贸易组织(World Trade Organization，WTO)。世界知识产权组织把知识产权的保护范围划分为：① 版权或著作权；② 邻接权；③ 专利权；④ 科学发现权；⑤ 工业品外观设计权；⑥ 商标、商号权；⑦ 反不正当竞争权；⑧ 一切来自工业、科学及文学艺术领域的智力创作活动所产生的权利。世界贸易组织把知识产权的保护范围划分为：① 商标权；② 地理标记权；③ 版权及邻接权；④ 工业品外观设计权；⑤ 专利权；⑥ 集成电路布图设计权；⑦ 未透露信息的保护权。

狭义的知识产权即传统意义上的知识产权，包括著作权及其邻接权、专利权、商标权三个主要组成部分。一般地，狭义的知识产权分为两个类别：一类是文学产权，包括著作权及其邻接权；另一类是工业产权，主要是专利权和商标权。文学产权是关于文学、艺术、科学作品的创作者和传播者所享有的权利，它将具有原创性的作品及传播这种作品的媒介纳入其保护范围。工业产权是指工业、商业、农业、林业和其他产业中具有实用经济意义的一种无形财产权。

广义的知识产权除包括狭义知识产权外，还包括商业秘密权、地理标记权、植物新品种权、集成电路布图设计权等各种权利。随着科技的进步与社会的发展，具有经济意义的创造性劳动成果已经远远超出了上述的范围。在信息社会里，以网络技术、生物技术、基因技术为主流的新技术革命，将人类社会推入信息化时代，信息本身成为促进经济、技术和社会发展的重要资源，在信息财产中有三种类型：一是作为著作权、专利权、商标权而保护的知识信息；二是原处于非专有领域的公共信息；三是未公开披露而通过保密实现其价值的商业信息。后两者是以往的知识产权法所不加以保护的，随着新的传播技术的出现，国际社会日益重视对各种信息财产的保护，“未公开的信息”以及“无独创性的数据库”都已纳入了知识产权的保护范围。这意味着一部分原属于公共领域的信息和依靠保密维系利益的信息，现已处于新的专门法的保护之下，这种着力于信息财产的保护已经突破了传统知识产权的制度框架。

二、知识产权的国际保护

(一) 概述

随着各国间政治、经济、文化交流的日益密切，知识产品的国际市场不断发展，从而使得知识产权在国外取得法律保护成为必要。自19世纪下半叶以来，世界各国先后签订了一系列知识产权保护的国际公约。经过了一个多世纪的发展，确定了知识产权的国际保护标准，建立了知识产权的国际保护组织，形成了知识产权的国际保护体系。知识产权的国际保护制度是以多边国际公约为基本形式，以政府间国际组织为协调机构，通过对各国国内知识产权法律进行协调，并使之形成相对统一的国际法律制度。

知识产权国际保护制度的发展目前经历了三个时期，即巴黎联盟与伯尔尼联盟时期、世界知识产权组织时期和世界贸易组织时期。知识产权国际保护制度的发展和变革，就是从双边安排到多边国际条约的形成过程，它发端于两个国家之间签订知识产权双边保护协定，约定保护对方的知识产权。19世纪末期，1883年《保护工业产权巴黎公约》(简称《巴黎公约》)和1886年《保护文学和艺术作品伯尔尼公约》(简称《伯尔尼公约》)的签订使知识产权国际保护进入了多边条约时代。在20世纪末期，世界贸易组织的建立与《与贸易有关的知识产权协议》(Agreement on Trade-Related Aspects of Intellectual Property Rights，简称《TRIPS协议》)的形成，标志着知识产权进入一个高水平保护、一体化保护的新时期。

(二) 国际保护的主要原则

知识产权国际保护制度依据法律原则的普适性与层次性，包括国民待遇原则、最低保护标准原则和公共利益原则三个基本原则。

1. 国民待遇原则

国民待遇原则是众多知识产权公约所确认的首要原则。它的基本含义是指在知识产权保护方面，各缔约国(成员国)之间相互给予平等待遇，使缔约国国民与本国国民享受同等待遇。国民待遇包含两方面的内容：一是各缔约国依本国法已经或今后可能给予其本国国民的待遇；二是各该条约所规定的特别权利，也就是最低保护标准。例如，《巴黎公约》第2、3条规定，在工业产权的保护上，每个缔约国必须以法律给予其他缔约国国民以本国国民所享受的同等待遇，即使对于非缔约国国民，只要他在任何一个缔约国内有法律认可的住所或有实际从事工商业活动的营业场所，也应给予其相同于本国国民的待遇。

国民待遇原则是不同社会经济体制和不同发展水平的国家都能接受的一项原则。这一原则不要求各缔约国法律的一致性，也不要求适用外国法的规定，不涉及知识产权保护的水平问题，也不涉及国家主权的地域限制问题。只要求每个缔约国在自己的领土范围内独立适用本国法律，不分本国人还是外国人而给予平等保护。

2. 最低保护标准原则

最低保护标准原则是指各缔约国依据本国法律对某条约缔约国国民的知识产权保护不能低于该条约规定的最低标准，这些标准包括权利保护对象、权利取得方式、权利内容及限制、权利保护期限等。例如，《知识产权协议》第 1 条要求“各成员应使本协议的规定生效，在实施协议的规定时，成员可以但无义务在其国内法中实行比此协议要求更为广泛的保护，但这种保护不得违反本协议的规定”。

最低保护标准原则是对国民待遇原则的重要补充。国民待遇原则基于各国经济、科技、文化发展不平衡的现状，承认各国知识产权制度的差异，从而保证了知识产权制度国家协调的广泛性和普遍性。为了避免因制度差异而给国际协调带来的不利影响，国际公约规定了最低保护标准原则。缔约国以立法形式将知识产权国际公约或国际法的相关规定转化成该国知识产权制度，即该国国内法的具体规范，遵循的就是最低保护标准原则。

3. 公共利益原则

公共利益原则是指知识产权的保护和权利行使，不得违反社会公共利益，应保持公共利益和权利人利益之间的平衡。公共利益原则既是一国知识产权制度的价值目标，也是知识产权国际保护制度的基本准则。例如，《巴黎公约》第 5 条规定的强制许可制度。《知识产权协议》在序言中确认知识产权保护所奉行的公共利益目标：第一是要保护公共健康和营养；第二是促进对社会经济和技术发展至关重要的部门的公共利益。

三、知识产权法

知识产权法是调整人类在智力创造活动中因智力成果而产生的各种社会关系的法律规范的总称。知识产权法主要包括专利法、商标法、著作权法(也称版权法)等相关的法律法规。知识产权法主要调整平等主体之间，包括公民之间、法人之间、公民和法人之间，围绕着智力创造成果、商业标识和其他非物质成果形成的财产关系，而且这种财产关系建立在等价有偿、意思自治的私法原则之上。知识产权法分为国内法和国际法，国内法由各国自行制订，国际法包括国际条约、国际惯例、双边协议和多边协议。

知识产权法是近代商品经济和科学技术发展的产物。自 17、18 世纪以来，资产阶级开始广泛利用科学技术成果，从而在资本主义市场中产生了一个保障知识产品私有的法律问题。资产阶级寻求不同于以往的财产法的新的法律制度作为获取财产权利的新方式：在文学艺术作品以商品形式进入市场的过程中出现了著作权法；在与商品生产直接有关的科学技术发明领域出现了专利法；在商品交换活动中起着重要作用的商品标记范畴出现了商标法。这些法律规范互相配合，构成了调整有关知识产品的财产关系和人身关系的法律规范体系，即知识产权法。

知识产权法律制度的建立只有三百多年的时间，但它对于推动现代科技进步和国民经济发展的作用却是非常巨大的。凡是科学技术和文化教育事业发达的国家，都较早地建立健全了本国的知识产权法律制度。在当今世界，对知识产品的生产数量和占有容量是衡量一个国家经济文化科技水平高低的重要标准。

知识产权在立法框架上包含了主体制度、客体制度、权项制度、利用制度、保护制度以及管理制度。关于这些内容将通过具体的专门法在后面的章节中进行学习。

思考题

1. “自由”的信息如何成为法律上的财产？
2. 如何理解知识产权是一种私权？
3. 如何理解知识产权的时间性特征？

第二章 著作权

著作权是知识产权体系中重要的组成部分之一，一般来说，著作权法是学习知识产权实体法的一个起点。本章的内容包括：著作权概述、著作权的客体、著作权的权利内容、著作权的主体、著作权的邻接权、著作权的利用和侵权。

2.1 著作权概述

一、著作权制度的历史沿革

(一) 世界著作权制度的发展历程

从世界著作权制度的发展历程来看，著作权制度自确立以来，经历了特许出版权阶段和现代著作权阶段，印刷术、电子技术、网络技术和人工智能技术的发展，每一次突破性的技术进步都催生了新的著作权的客体和内容。因此，人们需要用发展的眼光看待和学习著作权的法律制度。

在封建社会后期，造纸术和印刷术的大量普及和应用大大降低了书籍的印刷成本，直接促进了出版业的繁荣。出版商由此获得了丰厚的经济利润，一方面，经济地位提升给大出版商带来了社会地位和政治地位的提高，从而可能影响了统治者的政治决策和法律制定；另一方面，印刷成本的降低给小出版商盗印书籍带来极大方便，大出版商为了维护自身利益，要求统治者出台保护他们的政策，而同时统治者也为了审查书籍、控制言论和稳定税收等需要，给予大出版商出版书籍的垄断权。在这种时代背景下，西欧开始出现了特许出版权制度。从十五世纪开始，威尼斯共和国、罗马、法国和英国等国的封建统治者都相继向出版商授予了专有印刷出版权的特许令。到了十六世纪，英国成立了印刷公会，开始实行特许证制度，并在 1662 年制定了《特许法案》。但是，特许出版权并不是真正意义的著作权，它是一种封建统治者授予出版商而不是作者的出版特权，体现的是一种公权力，而现代著作权是属于作者的权利，是一种私权利。

英国的《特许法案》只短短执行了二十多年的时间，由于英国资产阶级革命的爆发，英国于 1689 年建立了人类历史上第一个君主立宪制国家，这对人类近现代文明起到了思想启蒙作用，对世界历史也产生了重要影响。《特许法案》失效后，英国的出版商未能说服议会重新赋予其特许出版权，于是，他们改变了策略，转而向政府争取使作者获得法律的保护，由于作者完成作品后在出版作品时，往往会将其权利转让给出版商，所以出版商可以间接地获取法律赋予作者的权利并从中受益，这个策略获得了成功。英国议会在 1709 年通过了现今被公认为人类历史上第一部现代意义的著作权法——《安娜女王法》，也有的学者译作《安妮法》。该法载有“鉴于最近印刷商、书商擅自印刷、重印、出版他人书籍或其他著述，而未获得该书籍或著述之著作者许可，对其造成损害，或经常导致其本人破产及家境败落，为防止将来此等行为的发生，同时为了勉励学人撰写著作及写作有益的书籍……(现规定)著作人及其受让人，自该书籍首次发行之日起算，应享有印刷、重印该书籍的专有权 14 年”。从公布的法条内容可以看到，和封建社会时期保护出版商的特许出版权相比，《安娜女王法》保护的是著作权人及其受让人的权利，从而确立了以作者权利为主体的现代著作权制度。

从 18 世纪后期开始，欧洲大陆各国逐步建立了现代著作权制度。此后，由于科学技术的巨大进步，制图工艺、摄影技术、摄制技术以及计算机技术的迅速发展，使得地图等图形作品、摄影作品、电影作品和计算机软件等客体也被纳入了著作权的保护对象。广播技术、录音技术、卫星传播技术和信息网络传播技术的相继出现，扩充了著作权中诸如表演权和信息网络传播权等权利内容。伴随着科学技术的不断突破，未来也必然会持续产生新的著作权客体和内容。

(二) 中国著作权制度的发展历程

中国早在封建社会时期就有关于出版印刷特权的记载，宋代《东都事略》记有“已申上司不得覆版”。所谓“覆版”就是“翻版”，也就是人们今天说的“盗版”。中国的香港和台湾地区至今还在沿用“翻版”指代“盗版”。宋代国子监甚至发布过对盗印者施以“追版劈毁、断罪施刑”的公告，就是要将用于印刷盗版书籍的母版劈烂、毁坏，要对进行盗版的人量罪处以刑罚。明代的书籍载有“陈衙藏版，翻刻必究”的牌记，类似于今天的“翻版必究”。

1910 年，清政府颁布了中国第一部著作权法《大清著作权律》，1911 年，中华民国成立后并未废止该律法，沿用至 1915 年后被民国政府颁布的《中华民国著作权法》代替。1990 年 9 月 7 日，《中华人民共和国著作权法》(以下简称《著作权法》)经第七届全国人大常委会第十五次会议审议通过，于 1991 年 6 月 1 日起正式实施。1992 年，中国同时加入两个国际版权公约，即《伯尔尼公约》和《世界版权公约》。《著作权法》至今为止经历了三次修订，分别是 2001 年 10 月 27 日的第一次修订和 2010 年 2 月 26 日的第二次修订，2020 年 11 月 11 日通过了第三次修订，修订后的《著作权法》自 2021 年 6 月 1 日起正式施行。

和著作权密切相关的另外两个法规是《中华人民共和国著作权法实施条例》(下文简称《著作权法实施条例》)和《信息网络传播权保护条例》。前者最早的版本在1991年颁布后废止，目前实行的是2002年8月2日颁布的版本，并分别在2011年1月8日通过了第一次修订，2013年1月30日通过了第二次修订。《信息网络传播权保护条例》是在2006年5月18日颁布的，并于2013年1月30日通过了修订。

二、著作权的概念

著作权是指作者对其创作的文学、艺术和科学领域的作品所享有的专有权利。“著作权”有狭义和广义之分，狭义的著作权仅指作者对作品享有的专有权，广义的著作权还包括邻接权内容。在我国著作权法中，规定邻接权特指表演者对其表演、录音录像者对其制作的录音录像制品、广播电视组织者对其播出的广播或电视节目信号、图书报刊出版者对其设计的版式所享有的专有权利。

世界上有些国家(如美国)采用“版权”概念，有些国家(如法国)采用“作者权”概念，我国则采用“著作权”概念。它们之间的内涵是基本相同的，外延却有所不同。版权(copyright)是英美法系的概念，最初的含义是复制权，着重于保护作者的经济权利。作品被单纯地视为作者的财产，与作者的精神和人格无关。例如，雇员在受雇期间为了完成雇主交付的任务而创作的作品，被法律认定为雇主的财产，有的英美法系国家甚至规定这种情况下雇主即为作者。作者权(author’s right)是以人为本哲学理念的体现，着重精神权利，也兼顾经济权利。著作权是大陆法系的概念，是从作者权概念发展而来的，偏重于保护作者的精神权利，一般不允许对精神权利的转让和放弃。有的国家甚至不允许转让著作权的经济权利。现在随着世界上大多数国家都先后加入了《伯尔尼公约》，两大法系的国家相互借鉴和逐渐融合，版权和著作权的差距也在逐渐缩小。在我国，《著作权法》第六十二条规定“本法所称的著作权即版权”，版权和著作权是同义词。

2.2 著作权的客体

2.2.1 作品的概念

著作权的客体就是著作权的保护对象，也就是作品。什么是著作权法意义上的作品？我国《著作权法》第三条规定：“本法所称的作品，是指文学、艺术和科学领域内具有独创性并能以一定形式表现的智力成果。”我国《著作权法实施条例》中规定了“作品是文学、艺术和科学领域内具有独创性并能以某种有形形式复制的智力成果。”结合法律和法规对于作品的定义，可以从以下三个方面理解作品的内涵。

首先，作品必须是人类在文学、艺术和科学领域内创作的智力成果。虽然纯粹的自然风光可能很优美，自然界的声音可能很动听，但是只能是“大自然的杰作”，而非人类创作的智力成果，因此不能成为著作权法意义上的作品。例如，桂林的象鼻山宛若低头饮水的大象站在漓江上，但它并非人工雕刻而成，而是大自然的杰作。因此，任何人不享有对象鼻山的著作权。但如果有摄影师通过对拍摄角度、光线、距离的选择而拍摄了象鼻山的照片，摄影师可以享有他创作的这些摄影作品的著作权。

曾经有一个这样的案例：美国人乔安娜养了一头宠物猪，并给宠物猪取名叫“毕加索”，这头猪有一个特殊本领，可以用嘴叼着画笔蘸着油彩颜料作画，主人还为这头猪举办了画展，有的画甚至拍卖到了2000美元的高价。某些动物保护协会的人谴责乔安娜侵占了宠物猪“毕加索”的作品著作权，这里到底有没有侵犯宠物猪“毕加索”的著作权呢？答案是没有侵权，原因是《美国版权法》中没有规定动物可以成为作者，以往的判例在分析作者身份时所用的术语也是“人”。同时，美国版权局在版权登记手册中明确规定：作品必须是由人创作的，由自然现象或动植物的活动形成的结果不能进行版权登记。由于宠物猪的画并没有形成版权法意义的作品，因此宠物主人没有侵权。同样的事如果发生在中国，结果是相同的。我国《著作权法》第二条规定：“中国公民、法人或者非法人组织的作品，不论是否发表，依照本法享有著作权。”这里的公民、法人和非法人组织不包括动物。

其次，作品必须是能够被他人客观感知的外在表达。单纯的内心思想感情或者腹稿不能成为著作权法意义上的作品。作品是用于沟通作者内心世界与客观外部世界的桥梁。作者的思想感情必须通过一定的语言、艺术或科学符号形式表达出来，否则无法使社会公众阅读、欣赏或感知，也就没有任何社会价值，无法被复制和传播，因此也就不能受到《著作权法》的保护。例如，一位作家构思了一部小说，他和自己的同行朋友在一起喝咖啡聊天时，把小说的人物设计、故事梗概、情节安排都告诉了对方，然而他并没有完成小说，朋友根据他们聊天的内容先完成并发表了小说，这个作家能否起诉对方侵权呢？遗憾的是——不能起诉，或者说即使起诉了也不能得到法院的支持。这是因为著作权法是不保护思想的，它保护的是对思想的具体表达。关于思想与表达的问题，将在2.2.2小节的内容中着重阐释。

最后，只有具有“独创性”的外在表达才是著作权法意义上的作品。在科技文献中，人们往往看到类似“某技术是我国科技人员独创”这样的表述，这里的“独创”类似于专利法的新颖性，意即以前没有同样的技术公开发布过或者公开使用过，而著作权法的独创并非指“首创”或“独一无二”。独创性源于英语的“originality”，汉语的独创性和英文的originality 意义相近，有两个方面的含义，即“独”和“创”。独是指独立性，含义是“独立创作，源于本人”；创是指创造性，含义是“一定高度的智力创作”。

独立创作有两种情况，第一种是从无到有进行独立创作。由于人们观察世界的角度、方法各异，内心世界和思想感情也各不相同，表达手段也各有特点，因此独立创作的成果完全雷同的概率很小。但只要是独立努力的结果，即使劳动成果和其他人的劳动成果是相同或相似的，也满足作品的独创性的“独”的要求。例如，甲、乙两位摄影师，在同一个景点拍摄同一个景物，由于选取的地点、时间、角度等都类似，虽然所拍摄的照片几乎相同，但这两张照片都是分别源于摄影师自身独立完成的，满足著作权对于作品的独创性的“独”的要求，如果同时也满足“创”的要求，那么这两张照片就都能获得著作权。《最高人民法院关于审理著作权民事纠纷案件适用法律若干问题的解释》第十五条规定：“由不同作者就同一题材创作的作品，作品的表达系独立完成并且有创作性的，应当认定作者各自享有独立著作权。”例如上面举的这个例子，如果甲摄影师先发表了自己的摄影作品，乙摄影师想要证明自己的摄影作品是基于独立努力创作的，就会面临举证上的困难，但是，只要证明作品类似或相同是创作上的巧合而非抄袭，乙摄影师的作品也会被认定为著作权法保护的作品。

独立创作的第二种情况是以他人已有作品为基础进行再创作。由此产生的成果与原作品之间存在可以被客观识别的、并非太过细微的差异，这个差异部分也要符合独创性的“独”的要求。例如，意大利画家达·芬奇的传世名作《蒙娜丽莎的微笑》与西班牙画家萨尔瓦多·达利在原作基础上根据自己的容貌所作的《蒙娜丽莎》，两幅作品在视觉上差异是明显的，是可以被客观识别的，差异部分(面部)源于达利自身的创作，符合独创性的“独”的要求。但如果在他人作品基础上的再创作的成果和原作品过于相似，甚至缺乏能够客观识别的差异，这种成果就不符合“独”的要求。

独创性的“创”的创造性含义在世界各国存在差异。各国的著作权法体制据此划分两大阵营。英国、美国、加拿大、澳大利亚和新西兰等英美法系国家认为，即使劳动成果中没有体现出任何智力创造成分，只要劳动成果包含了作者“独立的艰苦劳动”并具有实际价值，就可以满足版权法对于“独创性”的要求。例如，《英国版权、外观设计与专利法》指出：“独创性只是意味着作者并没有原封不动地抄袭……技巧、知识可以弥补脑力劳动的缺乏。”德国、法国等大陆法系国家认为，著作权法意义上的独创性不仅是独立创作，还要求具有一定高度的智力创作水准。例如，《德国著作权法》规定著作权保护的是“个人的智力创作(personal intellectual creation)”，《法国知识产权法典》保护智力作品(work of the mind)。《著作权法实施条例》称“著作权法所称创作，是指直接产生文学、艺术和科学作品的智力活动。为他人创作进行组织工作，提供咨询意见、物质条件，或者进行其他辅助工作，均不视为创作。”总之，在对作品的创造性要求上，英美法系的国家和大陆法系的国家存在较大差别。

构成著作权法意义上的作品既需要满足形式条件，也需要满足实质条件。形式条件是指《著作权法》第三条规定的作品的种类，包括八类作品，并规定了一个兜底条款。《著作权法》所称的作品，包括以下列形式创作的文学、艺术和自然科学、社会科学、工程技术等)作品："(一)文字作品；(二)口述作品；(三)音乐、戏剧、曲艺、舞蹈、杂技艺术作品；(四)美术、建筑作品；(五)摄影作品；(六)视听作品；(七)工程设计图、产品设计图、地图、示意图等图形作品和模型作品；(八)计算机软件；(九)符合作品特征的其他智力成果。"成为作品的实质条件就是作品须满足独创性以及可复制性。可复制性是指，著作权所称作品可以被人们直接或借助某种机械或设备感知、并以某种有形物质载体复制。独创性在上文中已阐释。

2.2.2 不受著作权保护的对象

著作权法用于保护人类智力劳动成果，但并非所有这类成果都能获得法律的保护，著作权法只保护符合独创性要求的、特定的智力创作成果，而其他智力劳动成果由其他法律机制(如专利法、商业秘密法、反不正当竞争法等)加以保护。还有一部分符合独创性要求的智力创作成果出于法律的规定不予以保护。总结起来。不受著作权法保护的对象有以下几种：

第一，著作权法不保护思想。著作权法不保护抽象的思想、思路、观念、理论、构思、创意、概念，而只是保护以文字、音乐、美术等各种有形方式对思想的表达。为什么著作权法不保护思想呢？因为著作权是一种相对意义上的垄断权，任何人未经许可不得使用，如果思想有著作权，那么任何人未经许可的情况下，可能都会构成侵权。因为人们不论是日常生活中使用的语言文字表达，还是学术艺术创作，都不可避免地建立在别人的思想基础上。即使是世界顶尖大师们提出的新学术观点，也或多或少是建立在前人的思想基础上的。授予思想著作权，意味着任何人未经许可，不得用同一思想来创作自己的作品，甚至不能用自己的方式表述和议论这一思想，这显然是对思想的钳制，也会阻碍新的思想的产生。法律赋予作者著作权的最终目的不是奖励作者，而是鼓励创作，创作作品不能完全脱离前人已有的成果，新作品的产生自觉或不自觉都会受到已有作品的启发，因此，著作权法允许人们自由使用作品中蕴含的思想，创作出表达上具有独创性的作品。

第二，著作权法不保护任何实用性功能。工艺、系统、操作方法和技术方案等任何实用性功能都属于思想范畴。例如菜谱，厨师经过反复试验做出了一个风味独特的菜品，其他人未经厨师许可印刷了这个菜谱，是否侵犯了厨师的著作权？国外曾多次发生有关菜谱是否为作品的诉讼，即使菜品的做法是新颖的，也是属于著作权法中的"思想"，不能受到著作权法的保护。但是，菜谱如果出版了，就有了邻接权。

第三，著作权法不保护事实及对事实无独创性的汇编。客观事实本身不能受到著作权法的保护，因为事实是客观存在和发生的事情，它不是人们主观意志的产物，因此不能成为作品。例如人口统计工作，统计工作人员没有“创作”出人口统计的数据，他们只是通过调查发现或揭示这个数据，获得的统计数据不能作为作品获得著作权。各种客观事实，包括科学事实，历史事实，新闻事实，都不能受到著作权法的保护，这些事实从产生时起，就进入公共领域，任何人都可以自由使用。《著作权法》第五条第二款规定：“著作权法不适用于单纯事实消息。”《最高人民法院关于审理著作权民事纠纷案件适用法律若干问题的解释》中，对此的解释是“通过大众传播媒介传播的单纯事实消息属于时事新闻”。但如果新闻报道不仅仅是单纯的事实消息，而是增加了文艺创作的新闻评论，那其中具有独创性表达的部分仍可以受到著作权保护。另外，对事实所进行的选择或编排如果没有任何的独创性体现，汇编的成果也不是著作权法意义上的作品。

第四，著作权法不保护官方的正式文件及其官方译文。《著作权法》第五条第一款规定：“著作权法不适用于法律、法规，国家机关的决议、决定、命令和其他具有立法、行政、司法性质的文件，及其官方正式译文。”这些官方正式文件及其官方正式译文完全可能是符合独创性要求的作品。如果给予这些文件垄断性的著作权，社会公众就不能未经许可复制、传播或以其他方式来利用这类文件。而这些文件涉及社会公众和国家整体利益，属于全体社会成员公有的信息资源，国家为了鼓励公众尽可能去复制和传播这类文件，从法律上规定对这类文件不纳入著作权法的保护对象。

第五，著作权法不保护竞技体育活动。竞技体育活动展现的是运动力量和技巧，对竞技体育技巧或比赛策略的设计也属于一种方法或思想，因此不能构成著作权法意义上的作品。从另外一个角度看，如果将竞技体育活动作为作品保护，意味着竞技动作的首创者有权阻止竞争者使用相同或相似的竞技动作，这将严重影响竞技体育的发展。即使是对最接近创作的体育竞技活动(如花样滑冰、艺术体操等)，如果对参赛者设计的高难度的优美动作授予著作权，也必将影响未来的比赛。其他体育活动诸如广播体操、瑜伽术等属于健身的方法、程序和步骤，也不受到著作权的保护。

第六，著作权不保护公有领域的作品。《著作权法》第五条第三款规定：“著作权法不适用于历法、通用数表、通用表格和公式。”历法和公式是计算方法和数学原理的简单反映，属于思想的范畴。数表和表格如果在设计上符合独创性，是可能构成著作权保护的作品的。但“通用数表”和“通用表格”必然是已经流传、使用多年的，已经成为全社会和全行业通用的标准数表和标准表格，已经进入了公有领域，不再为任何人所垄断。还有些作品因为超过了保护期限等原因进入公有领域，成为所有人都免费使用的公有财产，不再为任何人所专有。例如，著作权法规定自然人作品的财产权的保护期限是作者终生及去世后五十年，超过这个期限，作品进入公有领域，对作品的使用不需要再经过著作权人的许可。

2.3 著作权的权利内容

著作权除具有知识产权的共有特征外，与专利权、商标权等其他知识产权相比，它的主要特点表现为权利内容的双重性。即著作权法意义上的作品依法同时产生财产权和人身权两方面的权利。这一特性是专利权和商标权等都不具有的，其中著作财产权是指权利人通过控制作品的利用而获取经济利益，著作人身权是指与作品的创作者的身份密切相关的权利，并且多数情况下只能由作者行使，不得转让给他人。

2.3.1 著作权的权利之人身权

一、著作人身权的概念

著作人身权也称著作权人的精神权利。是与著作财产权或著作权人的经济权利相对的概念。是作者依法享有的与其人身不可分离的非财产性权利。作者权体系下的国家比较重视著作人身权的保护，法国是世界上最早授予作者人身权的国家。英国《版权法》直到20世纪末才首次明确规定和版权平行的“精神权利”，并且不包含在版权中。国际公约中对著作人身权的保护，首次出现在1928年的《伯尔尼公约》会员国在罗马的修订会议中，会议修订公约增加了第六条第一款，将著作人身权界定为“独立于著作财产权，即使著作财产权转让给他人，创作者仍然得以主张的权利，创作者据此有权阻止他人歪曲、撕裂、篡改或其他足以损害其名誉和声望的行为”。

著作人身权有以下三项特性。

(一) 无期限性

无期限性是指法律对著作人身权的保护没有时间限制。我国《著作权法》第二十二条规定“作者的署名权、修改权和保护作品完整权的保护期不受限制”。我国著作权法规定了四项人身权，除发表权外，其余三项权利的保护期不受限制。《法国知识产权法典》第L121-1规定作者的精神权利“永远存在”，也就是无期限性。英国的版权法所授予的四项精神权利都是有时间限制的，其中前三项权利包括“申明作品来源的权利、坚持作品完整性的权利、保护某些照片和影片非公开性的权利”在作品的版权存续期有效，第四项权利“反对冒名的权利”的保护期延续至权利主体死亡后的二十年。

(二) 不可分离性

不可分离性是指作者依法享有的精神权利为作者终身享有。事实上，不可分离性也可以理解为不可转让性。根据我国《著作权法》第十条第三款规定，“著作权人可以全部或者部分转让本条第一款第五项至第十七项规定的权利，并依照约定或者本法有关规定获得报酬。”可以推论出第一项至第四项是不可转让的权利内容。《英国版权、外观设计与专利法》第九十四条则明确规定“精神权利不可转让”。

(三) 不可剥夺性

不可剥夺性是指任何人不得以任何理由剥夺作者的人身权利。但在特殊情况下，著作人身权不属于作者，或不完全属于作者。例如，我国《著作权法》第十八条规定了两种职务作品的情形，一种是对主要是利用法人或者非法人组织的物质技术条件创作，并由法人或者非法人组织承担责任的工程设计图、产品设计图、地图、计算机软件等职务作品，或是报社、期刊社、通讯社、广播电台、电视台的工作人员创作的职务作品，或是法律、行政法规规定或者合同约定著作权由法人或者非法人组织享有的职务作品。对于这类作品，作者享有署名权，著作权的其他权利由法人或者非法人组织享有，法人或者非法人组织可以给予作者奖励。另一种是除以上情形外，作品的著作权由作者享有，但法人或者非法人组织有权在其业务范围内优先使用。作品完成两年内，未经单位同意，作者不得许可第三人以与单位使用的相同方式使用该作品。

二、著作人身权的类型

(一) 发表权

发表权是指决定作品是否公之于众的权利。它包括四个方面的基本内容：(1) 决定作品公之于众的权利；(2) 决定作品不公之于众的权利；(3) 决定作品公之于众的方式的权利；(4) 决定作品公之于众的时间和地点的权利。所谓公之于众，是指以出版/发行、广播、上映、口述、演出、展示和网络传播等方式披露作品并使作品处于为公众所知的状态，与公众是否实际知悉或关注被发表的作品无关。例如，作家将自己撰写的小说通过网络上传到个人博客，即使无人实际登录博客阅读该作品，但由于博客是处于向公众开放的状态，任何人可以通过搜索引擎搜索到该小说并登录博客进行阅读，那么该小说是处于公众所知的状态，因此作家上传小说即发表作品。

作品是作者的思想、观念、情感、理想、主张、价值观的反映，是否发表，在何时发表，在何处发表，通过何种方式发表必须由作者自己决定，作者的意愿必须获得充分的尊重，任何人不得违背作者的意愿擅自发表作品。例如，作者在给朋友的信中作了首诗，收信人虽然享有信纸的所有权，但不能擅自发表该诗，该诗的发表权是由作者所享有的。

(二) 署名权

署名权是指在作品上标示作者身份和资格的权利。作者的署名权意味着他人必须尊重作者关于是否在作品上署名，以及以何种方式署名的权利。它包含五个方面的内容：(1) 决定在作品原件或复制件上以真实姓名署名的权利；(2) 决定在作品原件或复制件上以假名或笔名署名的权利；(3) 决定在作品原件或复制件上不署名即匿名的权利；(4) 变更署名方式的权利；(5) 同意他人在自己作品上署名的权利。一般情况下，只有作者有权在作品原件或者复制件上署名，其他人无权署名，但在某些特殊情况下，作者有权许可他人在作品上署名。因作品署名顺序发生的纠纷，有约定的按约定确定署名顺序；没有约定的，人民法院可以按照创作作品付出的劳动、作品排列、作者姓氏笔画等确定署名顺序。例如，作者向杂志社投稿时署了笔名，编辑不能擅自标出作者的真名，更不能不署作者的笔名。

(三) 修改权

修改权是指修改或授权他人修改作品的权利。作品是作者的品格、性格、风格和人格这“四格”的综合体现。同样的构成要素，由不同的作者来组合，能够产生出完全不同甚至相反的结果。作者通常会根据自己的经历、体验、情感、观点和方法来选择构成要素并安排其排列顺序，从而产生符合自己“四格”的作品。因此，除作者外，其他人对作者为什么选择这样的字、词、句，为什么作如此的编排、组合，可能会有不同的理解，甚至不能理解。我国法律将修改权作为人身权赋予作者，正是基于保证作品能够体现出作者的“四格”。需要说明的是，修改权极少作为一项独立的著作人身权出现在其他国家的著作权立法中。除我国以外，其他国家的著作权法都没有设立“修改权”。

(四) 保护作品完整权

保护作品完整权是指禁止他人歪曲、篡改作品的权利。所谓歪曲和篡改，是指对作品内容的修改，达到了改变作者原本要表达之原意的程度。歪曲是指改变事物的真相或内容，篡改是用作伪的手段对作品进行改动或曲解。多数国家还将“可能对作者的声誉造成损害”作为侵犯保护作品完整权的要件。对于绘画、雕刻等纯视觉艺术作品，由于其表现形式与作者思想感情之间的关系更为密切，有的国家在保护作品完整权方面给予了更高水平的保护。例如，《加拿大版权法》规定，只要对绘画、雕刻和版画进行了歪曲、割裂或其他改动，“使作者的名誉和声望受损的后果”就被视为已经发生，从而构成侵犯保护作品完整权的行为。

2.3.2 著作权的权利之财产权

一、著作财产权的概念

著作财产权又被称作著作权中的“经济权利”，是指著作权人依法享有的以特定方式利用作品并获得经济利益的专有权利。著作财产权有以下特点：第一，著作财产权的保护具有期限性，为了保障公众接触和获取作品的便利，促进文化的传承和发展，各国著作权法都对著作财产权的保护期限做了长短不一的限定，一般不低于《伯尔尼公约》规定的五十年的保护期限；第二，著作财产权的设定具有针对性，与民法典中的物权不同，著作财产权没有一个一般性、完全性的所有权统摄针对客体物的所有利用方式，而是根据作品的不同利用方式来逐一设计子权利，子权利之间没有明显的效力位阶，也不存在一个如同物权中具有整体性和最高排他效力的所有权。例如，著作财产权中复制权、发行权、表演权、广播权和信息网络传播权等，都是针对传播技术带来的特定利用方式所设定，而且会随着科学技术的发展而不断丰富。

二、著作财产权的类型

我国著作权法授予著作权人享有复制权、发行权、出租权、展览权、表演权、放映权、广播权、信息网络传播权、摄制权、改编权、翻译权、汇编权，共十二项著作财产权，以及兜底条款“应当由著作权人享有的其他权利”。下面逐一说明。

(一) 复制权

第一项著作财产权是复制权。根据我国著作权法的规定，复制权是指以印刷、复印、拓印、录音、录像、翻录、翻拍、数字化等方式将作品制作一份或多份的权利。复制权是著作财产权中最为核心的权利，也是最早的著作财产权类型。印刷术的发明促进了图书贸易，随后伴随传播技术的发展不断将新的复制行为纳入其中。我国立法采取了不完全列举的方式，是为了应对新技术带来的新的复制方式。例如，利用数字技术的复制方式，也被纳入复制权的范畴。

从复制权的特征出发，并非所有再现作品的行为都被视为复制行为。构成著作权法的“复制行为”，应当满足两个条件：一是该行为应当在有形物质载体上再现作品，这是和其他再现作品行为(如表演、广播、放映等)最根本的区别；二是该行为应当使作品被相对稳定和持久地“固定”在有形物质载体之上，形成作品的有形复制件。例如，在一幅画前面放一面镜子让镜面反映出画的全貌，并不形成对美术作品的“复制”。因为镜子只是暂时映照出画作，并没有真正把画“固定”在镜子上，拿开了镜子，“镜中画”就消失了。但如果工匠把画刻在镜面上，镜面成了画的有形物质载体，工匠的行为就构成了法律意义上的复制行为。

从复制行为的范畴出发，复制权所涵盖的行为类型，主要是不同载体之间的转换，有以下的表现形式：第一种情形是平面载体之间的直接复制，就是把作品固定在平面载体之上，例如，油印、胶印、铅印等；第二种情形是将平面载体转化为立体的复制，就是将平面载体上的作品以三维载体固定复现，例如，根据建筑设计图建造立体建筑物，应用3D技术打印三维实物等；第三种情形是将立体载体转化为平面的复制，就是将三维载体上的作品复现在二维载体上，例如，为制作档案资料对雕刻作品和艺术作品进行拍摄是典型的从立体到平面的复制；第四种情形是立体载体之间的直接复制，就是将三维载体上的作品同样以立体的方式复现，例如，艺术家可以根据立体艺术品，制作出同样大小或者按比例缩放的复制艺术品；第五种情形是从无形载体到有形载体的复制，就是把没有固化于载体的作品稳定地再现于载体上，例如，某人发表即兴演讲，该口述作品没有物质载体，如果将演讲内容进行速记或录音，纸张和录音带就成了作品的复制件；第六种情形是从有形载体到数字载体的复制，就是通过数字扫描、刻录光盘等将原本记载于有形载体的作品转化为数字格式；第七种情形是数字载体之间的直接复制，就是通过上传、下载、电子邮件、短信息、微信等方式在不同服务器或计算机之间复制作品。

（二）发行权

第二项著作财产权是发行权。根据我国著作权法的规定，发行权是指以出售或赠与方式向公众提供作品原件或者复制件的权利。发行权的出现，是著作权市场不断发展的结果。随着作品传播的分工日趋细化，作品的复制和发行环节分开，特别是针对盗版作品，权利人在维权过程中难以直接向隐匿的非法复制者行使权利，发行权的设立，使得权利人得以针对市场中销售盗版作品的发行者行使权利，从而保证其收益不受损失。

日常口语中的“出版发行”与著作权法意义上的发行行为是有差异的。日常口语中的“出版发行”一般只是指出版社将作品印刷成册，或制作完成音像制品后，再向公众公开销售。而著作权法意义上的发行行为主体不限于出版社，行为方式也不限于销售。著作权法意义上的“发行行为”应当符合两个条件：一是该行为应当“公开地”面向公众提供作品的原件或复制件；二是该行为应当以转移作品有形物质载体所有权的方式提供作品的原件或复制件。

另外，发行权还是著作权领域唯一可“穷竭”的权利，叫作“发行权一次用尽”或者“首次销售”原则。是指无论是作品原件或者复制件，首次向公众销售或赠与后，著作权人无法控制载体的所有者对载体的再次销售。这个原则的适用有两个条件：首先，作品复制件必须经著作权人授权或根据法律规定合法制作；其次，作品原件或者合法制作的作品复制件已经经过著作权人许可或者根据法律规定销售或赠与，如果原件或者复制件的所有权没有以出售或赠与等方式发生转移，那么他人擅自向公众出售或赠与，以及购买者或受赠者再次向公众出售或赠与，就构成对发行权的侵权。例如，小说作者和出版社签订合同，授权出版社限量印刷3000册小说的书籍，出版社销售完这3000册小说的书籍后，购买此书的书店和消费者再次公开销售此书籍应用“发行权一次用尽”原则，不构成对发行权的侵权行为。但如果在3000册书籍售罄后，出版社未经作者授权加印了1000册书籍，那么出版社销售这1000册书籍就侵犯了作者的发行权，如有书店购入加印的1000册书籍再向消费者出售，不能适用“发行权一次用尽”，将会构成著作权的侵权行为。

(三) 出租权

第三项著作财产权是出租权。根据我国著作权法的规定，出租权是有偿许可他人临时使用视听作品、计算机软件的原件或者复制件的权利，这里计算机软件不是出租的主要标的的除外。我国著作权法中对出租权的定义与《知识产权协议》《世界知识产权组织版权公约》以及世界各主要国家和地区对出租权的定义一致，都定义出租权为出租“作品的原件或者复制件”。我国著作权法只将作品的出租权赋予两种对象：(1) 视听作品；(2) 计算机软件。另外，计算机软件不是出租的主要标的则不适用于出租权。例如，电脑所有人向他人出租电脑，该电脑已经装有Windows XP、Office XP软件，出租人出租的标的是电脑，不是计算机软件，此时软件的著作权人不得主张出租权。但前提是，电脑中的软件是电脑出租者合法拥有使用权的软件，如果软件是盗版或非法安装的，且承租人知道或应当知道该软件是盗版或非法安装的，则出租人和承租人都要承担侵权责任。虽然在我国法律上规定了出租权，但是由于互联网的迅速发展，数字环境下的电影作品和计算机软件的下载非常便捷，实际中发生的出租行为越来越少，因此著作权法中出租权的宣示意义远大于实际意义。

2.3.3 著作权的权利之财产权 II

一、公开传播作品的权利

在著作财产权中，有一类权利被称为“公开传播权”。它指的是以不转移作品有形载体所有权或占有的方式向公众传播作品，使公众得以欣赏或使用作品内容的行为，就是指对作品公开进行展览、表演、广播、放映和信息网络传播的权利。根据受众所处的场所，公开传播权又可分为两类。一类是权利控制在现场向公众传播的行为，这类权利包括展览权、表演权和放映权。另一类是权利控制向不在传播最初发生地的公众传播的行为，这类权利包括广播权和信息网络传播权。

(一) 展览权

接着 2.3.2 小节的内容，第四项著作财产权是展览权。根据我国著作权法的规定，展览权是公开陈列美术作品、摄影作品的原件或者复制件的权利。我国展览权的对象只针对美术作品和摄影作品。其他国家规定的展览权的范围比我国规定的广泛，例如，美国版权法规定的展示权，不仅适用于美术作品和摄影作品，还适用于文字作品、音乐作品、舞蹈作品、建筑作品以及电影或其他视听作品中的单个画面。关于作品载体所有权与作品著作权的关系，我国《著作权法》第二十条规定了特例情况："美术等作品原件所有权的转移，不视为作品著作权的转移，但美术作品原件的展览权由原件所有人享有。"由此可知，展览权是一项特殊的权利，它与美术等作品原件所有权相伴，如果美术等作品原件所有权转移，而展览权不随之转移，作品原件的购买者拥有原件就失去意义。除展览权外，著作权中其他权利仍然归著作权人所有。

(二) 表演权

第五项著作财产权是表演权。根据我国著作权法的规定，表演权是公开表演作品，以及用各种手段公开播送作品的权利。表演权控制的行为有两类：一类是现场表演，是指演员对作品进行公开表演，以及对作品的表演以各种手段公开播送。例如，演员在公开场合朗诵诗歌、演奏音乐、演唱歌曲、表演舞蹈和戏剧等。未经著作权人许可的公开表演，如果属于《著作权法》第二十四条规定的免费表演则不构成侵权，注意这里的"免费表演"指的是既未向公众收取费用，也未向表演者支付报酬的表演活动。如果是商业演出活动，应当获得著作权人授权，否则构成侵权行为；表演权控制的另一类行为是机械表演，是指对作品的表演录制后通过机械设备进行公开播放。例如，在歌舞厅、商场、超市、宾馆、酒店、餐馆、飞机、火车等场所播放录制的歌曲、相声、小品和曲艺作品等行为就是典型的机械表演，在以上经营场所播放录制的作品带有营利性质，应当向著作权人支付报酬。

(三) 放映权

第六项著作财产权是放映权。根据我国著作权法的规定，放映权是通过放映机、幻灯机等技术设备公开再现美术、摄影、视听作品等的权利。放映权所针对的对象主要是美术作品、摄影作品、视听作品等。公开放映行为在许多国家的著作权法中被定义为机械表演的一种，也有一些国家单独设立放映权控制公开播放美术作品、摄影作品和电影作品等的行为。我国采取的是单独设立放映权的模式。在我国，任何人放映美术、摄影、视听作品时，应当获得作品的著作权人的许可，并且支付报酬，否则构成侵权行为。

(四) 广播权

第七项著作财产权是广播权。根据我国著作权法的规定，广播权是以有线或者无线方式公开传播或者转播作品，以及通过扩音器或者其他传送符号、声音、图像的类似工具向公众传播广播的作品的权利，但不包括信息网络传播权规定的权利。广播权控制三种对作品的广播行为，分别是无线广播、以无线或有线方式转播，以及公开播放接收到的广播。

无线广播是指把构成作品的文字、声音或图像转化成电磁波，通过无线信号发射装置传送到远端，由远端的接收装置还原成文字、声音或图像予以播放。广播电台、电视台以无线方式进行的传播，包括卫星广播，都属于无线广播方式。

以无线或有线方式转播，是指将接收到的无线广播信号通过无线电波或有线电缆等加以同步传播，使原本无法接收或无法清晰接收无线广播信号的受众，能收听或收看到被广播的作品。

公开播送接收到的广播是指在接收到包含作品的广播节目之后，通过扩音器、电视机等设备或手段向公众播放广播节目。例如，商场和超市等通过连接收音机或电视机，使公众能够欣赏电视台和广播电台正在播出的作品。

上述三种广播行为，应当向著作权人支付报酬。

(五) 信息网络传播权

第八项著作财产权是信息网络传播权。根据我国著作权法的规定，信息网络传播权是以无线或有线的方式向公众提供，使公众可以在选定的时间和地点获得作品的权利。信息网络传播权是 2001 年修订《著作权法》时为了应对互联网对著作权保护带来的挑战而规定的。在网络出现之前，传统的传播行为是一种由传播者“单向”提供作品内容，供公众欣赏的行为。例如，广播电台每天定点播放评书连播，电视台每天定点播放影视作品。网络传播作品带来了传播模式上革命性的变化，它是一种双向作用的“交互式”传播。要构成交互式传播行为需要满足两个条件：第一，该行为应当通过网络向公众提供作品；第二，该行为应当是“交互式”传播行为。例如，一部影片上传到向公众开放的网络服务器后，只要电影未被删除并且网络服务器处于联网状态，任何用户可在任何一台联网的计算机(在自己选定的地点)、任何时刻(在自己选定的时间)下载影片或在线观看。

二、演绎作品的权利

与“公开传播权”一样，“演绎权”是一类专有权利的总称。演绎权控制的是在保留原作品基本表达的情况下，通过发展这种表达，在原作品基础之上创作新作品并加以后续利用的行为。演绎行为包括翻译、改编、摄制和汇编，由此形成的新作品被称为“演绎作品”。演绎者必须在原作品的基础上进行独立的创作，并且符合独创性要求，才能形成演绎作品；新作品和原作品在表达上相似，才能构成原作品的演绎作品。因此，演绎作品既包含演绎作者的独创性劳动成果，又保留了原作品的基本表达。反之，如果新作品与原作品在表达上没有实质上的相似之处，只有思想、观念和创意的相似，那么新作品并非是原作品的演绎作品。我国著作权法规定了四项演绎权，即摄制权、改编权、翻译权和汇编权。

(一) 摄制权

第九项著作财产权是摄制权。根据我国著作权法的规定，摄制权是以摄制视听作品的方法将作品固定在载体上的权利。将他人的小说、戏剧等作品拍摄成电影、电视剧等影视作品应当获得著作权人的许可，并支付报酬，否则构成侵权行为。获得摄制权后，通常需要按照摄制的目的和方法对相应的作品进行改编，以便完成摄制工作。

(二) 改编权

第十项著作财产权是改编权。根据我国著作权法的规定，改编权是改编作品、创作出具有独创性的新作品的权利。这个定义中并没有涉及新作品与原作品的关系。但是根据演绎权的涵义，仅仅根据原作品的思想创作出的新作品并非受改编权控制的行为，只有在保留原作品基本表达的情况下，通过改编原作品创作出新作品，才是著作权法意义上的改编行为。例如，长篇小说《平凡的世界》的作者是路遥，经原作品作者许可后，改编作者张春生、绘画作者李志武合作创作了一套连环画作品《平凡的世界》并正式出版发行，又或者有编剧把小说《平凡的世界》改编成电影剧本或电视剧剧本，这时就形成了新的改编作品。

(三) 翻译权

第十一项著作财产权是翻译权。根据我国著作权法的规定，翻译权是将作品从一种语言文字转换成另一种语言文字的权利。一种语言文字翻译成另一种语言文字，通常会产生翻译作品。一方面是由于各个国家民族的语言文字本身的差别，另一方面在于翻译者的个体性差异。例如，美国作家玛格丽特·米切尔的英文小说“Gone with the Wind”，有人译作《飘》，有人译作《乱世佳人》。在经济一体化进程加速的时代，翻译权是国际著作权保护中最重要的权利之一。

(四) 汇编权

第十二项著作财产权是汇编权。根据我国著作权法的规定，汇编权将作品的片段通过选择或者编排，汇集成新作品的权利。这就要求汇编的新作品在选择或者编排方面，也必须符合独创性的要求。例如，出版社的编辑精选冰心先生的三十篇散文，汇编成《冰心散文精选》。如果在选择汇编散文方面，涉及了编辑对散文与众不同的理解和判断，体现了编辑的智力创造成果，那么该书是可以成为汇编作品的；如果编辑只是把冰心先生的全部散文按时间顺序汇编成《冰心散文全集》，在选择和编排上都没有体现独创性，那么就不能构成著作权法意义上的汇编作品。

(五) 兜底条款

第十三项著作财产权是法律规定应当由著作权人享有的其他权利，也叫做兜底条款。兜底条款是从立法上将其他条款没有包括的或难以包括的、或目前预测不到的都包括在这个条款中。在很多法条中都出现过类似的兜底条款表述。

2.3.4 著作权的限制

一、著作权限制概述

作为著作权客体的文学、艺术和科学作品，虽然是创作者独创的，但却是在社会文化现有基础上创作的。没有前人留下的宝贵文化遗产，任何人无法进行新的创作。同样的，任何人创作的文学、艺术和科学作品也应当为当代和后世的人学习、欣赏等服务。因此，为了平衡、协调和均衡著作权人、作品的使用者和社会公众之间的利益，在赋予著作权人有限垄断权的同时，也要满足社会对知识和信息的需要，在一定条件下应该允许他人不经许可使用，甚至是无偿方式使用。著作权限制是指民事主体可以在法律规定的范围内，不经著作权人许可，利用其作品或受相关权保护的对象，而且不构成侵权的制度。世界各国的法律规定的著作权限制包括合理使用、法定许可、著作权穷竭、强制许可和公共秩序保留等。我国著作权法明确规定了对著作权的两类限制：合理使用和法定许可。

二、合理使用

我国《著作权法》第二十四条列出十二种可构成“合理使用”的情形，以及兜底条款“法律、行政法规规定的其他情形”，前提必须是对于已发表的作品，可以“不经著作权人许可，不向其支付报酬”，同时必须“指明作者姓名、作品名称，并且不得侵犯著作权人依照著作权法享有的其他权利”。下面对法条中规定的十二种情形逐一说明。

第一种，“为个人学习、研究或者欣赏，使用他人已经发表的作品”，这种合理使用情形仅限于纯粹为个人目的而进行的使用，如学者或学生在图书馆下载或复印期刊中的一篇论文属于合理使用，但复印后散发给公众则不属于合理使用。

第二种，“为介绍、评论某一作品或者说明某一问题，在作品中适当引用他人已经发表的作品”，也包括通过信息网络提出的作品中适当引用他人已经发表的作品。这对于创作作品，特别是创作评论文章或者学术著作是必须的，因为在对他人的作品进行评论或论证观点、说明问题时，经常需要对他人作品中的具体表述加以引用。例如，一位学者要对另一位学者某篇论文中的某种学术观点进行批评，他就需要引用后者的一部分原文，以使读者了解被批评的对象，此时必然发生“复制”行为，本条款豁免了此类行为所可能导致的侵权责任。

第三种，“为报道时事新闻，在报纸、期刊、广播电台、电视台等媒体中不可避免地再现或者引用已经发表的作品”，也包括通过网络向公众提供的作品中不可避免地再现或者引用已发表的作品。这一合理使用是为了保障公民对时事新闻的知情权，而允许在进行新闻报道时附带性地复制或广播作品。例如，电视台要制作并播出某演唱会的新闻，允许对现场情况有选择地加以录制、剪辑和播出，其中不可避免地会将歌手演唱实况片段纳入新闻节目中播出，这必然涉及对音乐作品的复制和广播行为，只要该行为不超出报道时事新闻的必要限度，例如，在新闻报道中不能够播放完整的一首歌曲，即构成“合理使用”。

第四种，“报纸、期刊、广播电台、电视台等媒体刊登或者播放其他报纸、期刊、广播电台、电视台等媒体已经发表的关于政治、经济、宗教问题的时事性文章，但作者声明不许刊登、播放的除外”，了解国家目前的政治、经济情况是公民的权利，因此，《伯尔尼公约》允许各国在作者没有做出保留声明的前提下，由报刊或广播组织刊登或播放已经发布的时事性文章，但必须注明出处。例如，《人民日报》刊登的政治评论员文章属于典型的“政治问题的时事性文章”，其他报刊可以不经作者许可进行转载，广播电台、电视台也可以不经作者许可而播放，但应当指明作者姓名及其原载于《人民日报》。在互联网时代，有的时事性文章会首先在网络中发表，为了保障公民的知情权，其他网站就可以对其进行转载。世界上有的知识产权保护水平比较高的国家并未将此种情况列入“合理使用”，而是归于“法定许可”，即不需经过作者许可，但应向作者支付报酬。

第五种，“报纸、期刊、广播电台、电视台等媒体刊登或者播放在公众集会上发表的讲话，但作者声明不许刊登、播放的除外”，允许使用此类作品是为了让公众了解当前政治生活中的事件和观点，为公民的参与创造条件。例如，人大代表在各级人民代表大会上的发言，不仅可能构成口述作品，还传达了民意以及代表个人的政治理念。在这种情况下，只要讲话者未作出保留声明，公众对政治生活的知情权优先于讲话者的著作权，因此，报刊可以刊登，广播电台、电视台可以播放，网站也可以传播。但是，如果将他人的多次演讲集结成册出版，则超出了“合理使用”的限度。

第六种，“为学校课堂教学或者科学研究，翻译、改编、汇编、播放或者少量复制已经发表的作品，供教学或者科研人员使用，但不得出版发行”，据此法条，教师可将图书馆中外文藏书的一小部分予以复印，也可翻译成中文，用作教学或者科研的参考，但是不能超出必要的限度。例如，在“美国教育考试服务中心诉新东方学校案”中，新东方学校未经许可，复制 TOFEL 考试题目，并以出版物形式在其机构和网站向非特定人群销售，法院认定其使用作品方式已超出了“合理使用”的范围，构成侵权行为。

第七种，“国家机关为执行公务在合理范围内使用已经发表的作品”，国家机关出于执行公务目的经常需要以合理方式对作品进行使用。例如，在审理案件过程中，法院可以据此法条复印作品的片段用作参考资料，在结案以后，法院还需要将全套诉讼材料复印、扫描后存档，包括复制有原告、被告提交的作为证据使用的作品。

第八种，“图书馆、档案馆、纪念馆、博物馆、美术馆等为陈列或者保存版本的需要，复制本馆收藏的作品”，也包括以数字化形式复制本馆收藏的作品。图书馆等收藏的作品的物质载体经过长期使用后会自然磨损。出于继续向公众提供借阅或展览的需要，在作品已经绝版的情况下，需要以复制方式保存版本，这种复制不会损害著作权人的利益，可以构成“合理使用”。但是，如果不是出于保存本馆藏品的需要，而是出于节省开支的考虑以廉价的复印件代替市场上出售的原版作品，则不是“合理使用”。

第九种，“免费表演已经发表的作品，该表演未向公众收取费用，也未向表演者支付报酬，且不以营利为目的”，这种合理使用方式有严格的条件限制：既不能向公众收取费用，也不能向表演者支付报酬。这里的费用和报酬包括以任何名义收取或支付的与欣赏或表演作品有关的直接、间接的费用和报酬。包括向表演者支付的车马费、出场费或实物对价，以及向观众收取的餐饮费、场地费或会员费等。例如，一家餐厅有偿雇佣一位歌手在席间弹唱有著作权的歌曲，则应当获得著作权人的许可并支付报酬，即使餐厅并未向歌手支付任何演出报酬，也未向就餐者收取餐费以外的额外费用，该表演也不属于“免费表演”。原因是：在餐厅这种营利性场所的表演是一种招揽顾客的手段，而且在顾客的餐饮费和服务费中已经隐含了欣赏音乐的费用。

第十种，“对设置或者陈列在室外公共场所的艺术作品进行临摹、绘画、摄影、录像”；《最高人民法院关于审理著作权民事纠纷案件适用法律若干问题的解释》第十八条的“室外公共场所的艺术作品”，所指的是设置或者陈列在室外社会公众活动处所的雕塑、绘画书法等艺术作品，对于绘画、书法等平面艺术作品进行临摹、绘画、摄影和录像，是一种典型的以无接触方式实施的“从平面到平面”的复制或演绎行为，而对于雕塑等三维艺术作品临摹、绘画、摄影和录像，则是以无接触方式实施的“从立体到平面”的复制或演绎行为。这两类行为都受著作权约束，但是由于设置或陈列在室外公共场所的艺术作品，已经成为公共文化生活的一部分，那么应当给予公众较多的使用自由，同时，要求公众在临摹、绘画、摄影和录像之前，征得著作权人的许可并支付报酬也是不现实的。

第十一种，“将中国公民、法人或者其他组织已经发表的以汉语言文字创作的作品翻译成少数民族语言文字作品在国内出版发行”，这种合理使用方式，是为了增加少数民族获得信息和受教育的机会，以促进少数民族社会、经济的发展。这一公共政策比保障著作权人利益更为重要。由于对于外国著作权人缺乏国际公约的依据，要求其放弃许可和获得报酬的权利。所以，本条款的适用范围限定于，将中国公民或组织的汉文作品翻译成少数民族语言文字在中国境内出版发行，以及通过网络向中国境内少数民族提供。

第十二种，“以阅读障碍者能够感知的无障碍方式向其提供已经发表的作品”，例如盲文作品，“盲文”指作品的文字形式，是指供盲人用触摸感知的、“由不同排列的凸出的点”表现的作品。这种合理使用针对特殊群体，目的是为了使盲人像视力正常的人一样获得信息和阅读作品，以及通过网络以盲人能够感知的独特方式，向盲人提供已经发表的文字作品，但前提必须是不以营利为目的。

三、法定许可

我国《著作权法》规定了几种“法定许可”的方式。法定许可是指法律明确规定实施某些原本受“专有权利”控制的行为，无须经过著作权人许可，但应向著作权人支付报酬。前提同样必须是对于已发表的作品，同时“指明作者姓名、作品名称，并且不得侵犯著作权人依照著作权法享有的其他权利”。法律规定了以下几种法定许可的情形。

(一) 报刊转载法定许可

《著作权法》第三十五条第二款规定“作品刊登后，除著作权人声明不得转载、摘编的外，其他报刊可以转载或者作为文摘、资料刊登，但应当按照规定向著作权人支付报酬。”其中，“转载”是指原封不动或者略有改动之后刊登其他报刊已经发表的作品，“摘编”则是指对原文的主要内容进行摘录、缩写。该条“法定许可”是对文字作品复制权的限制，目的是在使著作权人获得合理报酬的情况下，为通过报刊转载来促进优秀作品的传播提供便利。

由于这条法定许可的规定，《报刊文摘》《文摘报》《文摘周报》等文摘类报纸，以及《中国人民大学复印报刊资料》《中国社会科学文摘》和《高校文科学术文摘》等学术文摘期刊能够合法存在。而且，这里的转载只适用于报刊之间的转载，不适用于图书之间以及图书与报刊之间的相互转载。同时，进行转载、摘编的报刊也不能侵犯著作权人其他合法权益，特别是要尊重作者的署名权、保持作品的完整性。例如，为了进行摘要转载而概括原文观点时，不能以偏概全、断章取义、篡改和撕裂作者的观点，对作者的声誉造成损害。但是，《信息网络传播权保护条例》并没有将这条法定许可扩充到网络领域，因此在网络上未经许可的转载已发表作品是侵权行为。

(二) 制作录音制品的法定许可

《著作权法》第四十二条第二款规定“录音制作者使用他人已经合法录制为录音制品的音乐作品制作录音制品，可以不经著作权人许可，但应当按照规定支付报酬；著作权人声明不许使用的不得使用”。“制作录音制品法定许可”起源于20世纪初期，立法目的是为了防止出现对音乐作品的垄断。在当时的技术条件下，唱片很难像图书报刊那样被复制，也没有形成唱片的出租市场，人们欣赏音乐作品的主要渠道就是购买唱片，为防止大唱片公司借助市场垄断地位抬高唱片的价格，获得不合理高额利润，法律规定了只要音乐作品已经被合法制作为录音制品，其他唱片公司可以不经音乐著作权人的许可，将其音乐作品录制在唱片上销售，但需要支付法定报酬。

此外，如果音乐作品仅在网络中传播，尚未合法录制为录音制品，则不能适用这条法定许可；如果音乐作品作为配乐被电影作品使用，对这部电影的制作和出版不能视为“已经合法录制为录音制品”，因为电影中的配乐只是电影作品的一小部分，电影录像带、VCD、DVD 等也并非“录音制品”；如果直接翻录他人制作的录音制品，或在翻录的基础上以技术手段进行加工和编辑，制成新的录音制品出版，将同时构成对表演者和前一录音制品制作者“复制权”和“发行权”的侵权。因此，“制作录音制品的法定许可”在实际中只允许使用词曲本身。根据法定许可制作录音制品者，必须自己聘用乐队、与表演者签约，并将表演者的演唱录制下来制成录音制品。

(三) 播放作品法定许可

《著作权法》规定“广播电台、电视台播放他人已发表的作品，可以不经著作权人许可，但应当支付报酬”。但是特别列举了此条法定许可不适用于电视台播放视听作品和录像制品。这条法定许可的立法政策是在不影响著作权人发表权和其他人身利益和经济利益情况下，促进作品通过广播进行传播，这是对著作权的广播权的限制。

(四) 编写出版教科书法定许可

《著作权法》规定“为实施义务教育和国家教育规划而编写出版教科书，可以不经著作权人许可，在教科书中汇编已经发表的作品片段或者短小的文字作品、音乐作品或者单幅的美术作品、摄影作品、图形作品，但应当按照规定向著作权人支付报酬，指明作者姓名或者名称、作品名称，并且不得侵犯著作权人依照本法享有的其他权利。”此条法定许可是 2001 年修改著作权法时新增的，并在 2020 年修改的条款。立法目的在于不损害作者的发表权和经济利益的前提下，促进义务教育和国家教育规划的实施。和其他几类法定许可一样，使用作品的人必须尊重作者的署名权，注明出处，并支付报酬。根据国家版权局和国家发展和改革委员会颁布的《教科书法定许可使用作品支付报酬办法》的规定：“‘作品片段或者短小的文字作品’，对于义务教育教科书而言，是指其中单篇不超过 2000 字的文字作品，对于国家教育规划(不含义务教育)教科书而言，是指单篇不超过 3000 字的文字作品；‘短小的音乐作品’是指单篇不超过 5 页面或时长不超过 5 分钟的单声部音乐作品，或者乘以相应倍数的多声部作品。”该办法还规定了法定许可报酬的标准：文字作品每千字 300 元，音乐作品每首歌曲 300 元，美术作品、摄影作品每幅 200 元，如果用于封面或者封底每幅 400 元。具体相关事宜由中国文字著作权协会负责。

(五) 制作和提供课件法定许可

《信息网络传播权保护条例》规定“为通过信息网络实施九年制义务教育或者国家教育规划，可以不经著作权人许可，使用其已经发表作品的片段或者短小的文字作品、音乐作品或者单幅的美术作品、摄影作品制作课件，由制作课件或者依法取得课件的远程教育机构通过信息网络向注册学生提供，但应当向著作权人支付报酬”。该条法定许可的立法目的和“编写出版教科书法定许可”相同，都是为了促进义务教育和国家教育规划的实施，实际上是将“编写出版教科书法定许可”延伸到了网络环境。同时，在网络远程教育中使用该课件的教学机构，应当采用技术措施(例如身份验证或地址控制等)防止服务对象以外的其他人获得著作权人的作品。

2.4 著作权的主体

一、著作权的主体

著作权的主体，也称著作权人，是对文学、艺术和科学作品依法享有著作权的自然人、法人和非法人组织。根据著作权法的规定，对于著作权主体的确定要考察两个标准：形式标准和实质标准。形式标准是指有关作品原件或者复制件上有作者身份的署名。《著作权法》第十二条规定：“在作品上署名的自然人、法人或者非法人组织为作者，且该作品上存在相应权利，但有相反证明的除外。”实质标准是指“作者身份”或者取得原始著作权的法律依据或者合同依据。《著作权法》第十一条第二款规定：“创作作品的自然人是作者。”依此规定，通常情况下，创作作品的人是作者，可以获得著作权。

著作权法所称创作，是指直接产生文学、艺术或者科学作品的智力活动。创作就是自然人运用其智慧，将文字、数字、符号、色彩、光线、音符、图形等要素按照一定的规律、规则和顺序有机地组合起来，以表达其思想、情感、观点、立场等综合理念之形式的活动。因此，确定作者要从以下四个要素出发：第一，作者的行为是智力活动，而非其他，比如收集资料的行为，因为其可替代性不属于智力活动；第二，作者对作品的行为是作品构成的选择活动，尽管创作作品的要素都是文字、数字、符号、色彩、光线、音符、图形等，但对要素的选择因人而异；第三，作者选择作品要素是按照一定的规律、规则和顺序组合的智力活动，即使要素相同，不同的人组合的结果也是各不相同；第四，作者表达其思想、情感、观点、立场等综合理念之形式的活动，因排列组合的顺序不同，也会使表达的观点大相径庭，例如有的哲学家认为“存在先于本质”，而有的哲学家认为“本质先于存在”，同样的六个字表达截然不同的两种观点。对自然人而言，必须同时满足以上这四个要素，才能确定其为作品的作者。为他人创作进行组织工作，提供咨询意见、物质条件或者其他辅助工作，均不视为创作。

在一些例外的情况下，著作权并不属于创作作品的作者。例如“由法人或者非法人组织主持，代表法人或者非法人组织意志创作，并由法人或者非法人组织承担责任的作品，法人或者非法人组织视为作者”。这类作品，法人或者非法人组织享有著作权，创作者不享有任何权利。《著作权法》第十八条还规定了“自然人为完成法人或者非法人组织工作任务所创作的作品是职务作品”。对于职务作品的权属，法律有特别的约定。

二、著作权的归属

以上是确认作品的著作权主体的一般原则，接下来是几种特殊作品的著作权归属原则。

(一) 演绎作品

改编、翻译、注释、整理已有作品而产生的作品属于演绎作品；汇编若干作品、作品的片段或者不构成作品的数据或者其他材料，对其内容的选择或者编排体现独创性的作品为汇编作品，其著作权由汇编人享有。对于没有独创性的汇编，我国著作权法没有明确授权，但是《欧盟数据库保护条例》给予无独创性汇编数据库的汇编人自公开之日起 15 年的特别权利保护，因为通常情况下，大型的数据库，虽然因无独创性不能构成著作权法意义上的作品，但是涉及企业大量的投资，因此欧盟对数据库授予了特别权利保护；视听作品中的电影作品、电视剧作品的著作权由制作者享有，但编剧、导演、摄影、作词、作曲等作者享有署名权，并有权按照与制作者签订的合同获得报酬。前款规定以外的视听作品的著作权归属由当事人约定；没有约定或者约定不明确的，由制作者享有，但作者享有署名权和获得报酬的权利。视听作品中的剧本、音乐等可以单独使用的作品的作者有权单独行使其著作权。

(二) 委托作品

《著作权法》第十九条规定“受委托创作的作品，著作权的归属由委托人和受托人通过合同约定。合同未作明确约定或者没有订立合同的，著作权属于受托人。”依此规定，委托合同的委托人和受托人可以约定著作权的归属和使用范围，有约定的从约定，没有约定的情况下，作品著作权由受托人也就是创作作品的人享有，委托人可以在委托创作的特定目的范围内免费使用该作品。此外，对于以特定人物经历为题材创作的自传体作品，委托人对著作权权属有约定的从其约定，没有约定的，著作权由特定人物享有，执笔人或者整理人对作品整理付出劳动的，著作权人可以向其支付适当的报酬。

(三) 合作作品

两个以上的人合作创作的作品，著作权由合作作者共同享有。判断是否为合作作品，要满足四个条件：一是作品由两个或两个以上的人创作；二是这些作者必须有共同创作作品的合意，例如，毛泽东诗词《七律·长征》和为此谱曲的歌曲不是合作作品，而是组合作品，因为曲作者和词作者没有共创作品的合意，是分别各自独立完成的；三是这些作者必须有共创作品的行为，包括对作品的完成进行了实质性构思，对作品的完成提出了实质性建议，对作品的完成进行了实质性表达，对作品的完成进行了实质性修正和增删；四是各个创作者的贡献融合或者结合形成一部完整的作品。

没有参加创作的人，不能成为合作作者。合作作品可以分割使用的，作者对各自创作的部分可以单独享有著作权，但行使著作权时不得侵犯合作作品整体的著作权。由此可知，合作作品的创作者可享有两个方面的著作权：整体部分的著作权和自创部分的著作权。例如，词作者和曲作者合作完成一首歌曲，词、曲作者共同享有歌曲的著作权，词作者和曲作者分别对自己创作的的词、曲享有独立的著作权，同时在自创部分行使著作权时，不得侵犯整体作品的著作权。

三、著作权的保护期

我国《著作权法》第二十二条规定："作者的署名权、修改权、保护作品完整权的保护期不受限制。"但为了在促进创作和公众利用作品之间实现平衡，法律规定了著作财产权的保护期。由于著作人身权中的发表权和著作财产权存在密切关系，因此我国著作权法对发表权也规定了和著作财产权类似的保护期限，但其他国家的著作权法或者版权法对发表权的保护期限的规定与我国不同。例如，《法国知识产权法典》规定，包括发表权在内的精神权利"永远存在"；《英国版权、外观设计和专利法》则规定精神权利的保护期都是有期限的，均不超过版权的保护期，其中某些照片或影片的隐私权的保护期甚至短于财产权的保护期。

《著作权法》第二十三条规定，对于自然人的作品，发表权和财产权的保护期为作者终生及其死亡后五十年，截止于作者死亡后第五十年的 12 月 31 日；如果是合作作品，截止于最后死亡的作者死亡后第五十年的 12 月 31 日。对于法人或者非法人组织的作品、著作权(署名权除外)由法人或者非法人组织享有的职务作品，其发表权和财产权的保护期为五十年，截止于作品首次发表后第五十年的 12 月 31 日，但作品自创作完成后五十年内未发表的，法律不再保护。对于视听作品，其发表权和财产权的保护期为五十年，截止于作品首次发表后第五十年的 12 月 31 日，但作品自创作完成后五十年内未发表的，法律不再保护。

需要注意的是，保护期是由著作权原始归属的情况而定的。例如，某电影公司摄制完成电影后，将电影作品的著作权转让给一个自然人，该电影作品的著作权保护期并不是自然人有生之年加五十年，而是电影作品首次发表后五十年。类似的，某画家将其画作转让给艺术馆，该美术作品的著作财产权的保护期也不会由此缩短为首次发表后五十年，而是截至该画家的有生之年及去世后第五十年后的12月31日。

2.5 著作权的邻接权

一、邻接权概述

邻接权(neighboring rights)，也称相关权(related rights)，是著作权的派生权利。《著作权法》包括著作权和邻接权两大类权利。邻接权是指作品的传播者和作品之外劳动成果的创作者对其劳动成果享有的专有权利的总称。随着传播手段的日益多样化和科技的进步，对作品的传播者和非作品的制作者加以保护具有越来越重要的意义。邻接权产生的目的就是保护未达到作品独创性标准，但又具备特定价值的客体。最早给予相关权以特别法保护的国家是意大利，其于1941年颁布了《相关权法》，授予表演者、照片拍摄者等不同于著作权的保护。1961年在意大利罗马缔约的《保护表演者、录音制品制作者和广播组织公约》(简称《罗马公约》)，标志着邻接权保护正式得到了国际社会的承认。

根据邻接权产生的原因，邻接权被定义为“不构成作品的特定文化产品的创造者对该文化产品所享有的专有权利”。在我国《著作权法》中，邻接权特指表演者对其表演活动享有的表演权、录音录像制作者对其制作的录音录像所享有的录音录像制作者权、广播组织者对其播出的广播信号享有的广播组织权以及出版者对其版式设计所享有的版式设计权。下面分别来了解这四种邻接权。

二、表演者权

表演者权是指表演者对其表演活动所享有的专有权利。我国《著作权法实施条例》规定“表演者，是指演员、演出单位或者其他表演文学、艺术作品的人。”

(一) 表演者权的主体

表演者权的主体是表演者，需要注意以下两点。

第一，表演者享有表演者权与其所表演的文学、艺术作品是否过了著作权保护期，作品是否曾受到著作权法保护无关。比如，古曲《春江花月夜》《广陵散》等是著作权出现之前早已完成的作品，创作者不曾享有过著作权，但是直到今天，演奏这些古曲的艺术家仍然是著作权法意义上的表演者，对其表演活动享有表演者权。再比如，鲁迅先生的小说《祥林嫂》已经超过了著作权财产权的保护期，鲁迅先生的后人不能再享有该作品的演绎权和表演权等；任何人都可以把小说改编成戏剧并且进行表演，但演出戏剧的演员们仍然可以享有各自的表演者权。

第二，如果被表演的不是著作权法意义上的作品，则从事表演的人不是著作权法意义上的表演者，也不能享有表演者权。《罗马公约》允许各缔约国对表演者做出广义的界定。有些国家据此在著作权法中将某些对非作品进行表演的人也作为表演者加以保护，例如，《日本著作权法》定义的表演包括那些没有表演作品，但具有公开娱乐性质的表演行为；《法国知识产权法典》将表演文艺作品之外的人，如杂耍演员、马戏演员等也界定为表演者。但是我国《著作权法》严格限定表演者为“表演文学、艺术作品的人”。因此，非作品的表演者在我国不可能享有表演者权。

(二) 表演者权的客体

表演者权的客体是表演活动，意思是表演者根据自己对作品的理解，以自己的声音、动作、表情或者借助乐器等道具表现作品的内容。因此，无论表演进行了多次，表演内容是否相同，表演者对每一次表演都享有表演者权。

(三) 表演者权的内容

表演者权的内容和其他邻接权的区别在于：表演者权包含人身权和财产权，其他邻接权不包含人身权内容。表演者权的具体权利内容有：

(1) 表明表演者身份权；

(2) 保护表演形象不受歪曲权；

(3) 许可他人现场直播和公开传送其现场表演，并获取报酬权；

(4) 许可他人对其表演录音、录像并获取报酬权；

(5) 许可他人复制、发行录有其表演的录音录像制品，并获取报酬权；

(6) 信息网络传播权。

根据《著作权法》第四十一条的规定，表演权中表明表演者身份和保护表演形象不受歪曲的权利属于人身权，其保护期不受时间限制，其他四项权利为财产权，保护期为五十年，截止于该表演发生后第五十年的12月31日。

三、录音录像制作者权

录音录像制作者权，简称录制者权，是指录音、录像制品的制作者对其制作的录音、录像制品享有的专有权利。

(一) 录音录像制作者权的主体与客体

录制者权的主体即录音、录像制品的制作者，是指首次制作录音、录像制品的人。录制者权的客体是录音制品和录像制品中的录音和录像。《著作权法实施条例》将录音制品界定为“任何对表演的声音和其他声音的录制品”，将录像制品界定为“电影作品和类似摄制电影的方法创作的作品以外的任何有伴音或者无伴音的连续相关形象、图像的录制品”。录音、录像制品可分为两类：第一类是录制表演者表演活动的结果，第二类是录制表演活动之外其他事件的结果。后者又包含两种情况：一种是录制人类生活中声音和画面的结果，如录制他人谈话、生活场景和比赛实况结果；另一种是录制纯粹自然界声音和画面的结果，如录制动物的鸣叫等。

(二) 录音录像制作者权的内容

录制者权的具体权利内容包括以下几个方面。

(1) 复制权。录音录像制品的复制是将原有作品的声音、画面复制在另一种载体上。

(2) 发行权。录音录像制品的发行是指以出售、赠予等方式向公众提供录音、录像制品的行为。

(3) 信息网络传播权。录音录像制品的作者享有信息网络传播权。未经录制者许可，而将录音录像制品中的内容上传到网络中，供公众在其个人选定的时间或地点在线点播欣赏、下载的行为构成对录制者权的侵犯。

(4) 出租权。如果有偿许可他人临时使用录音、录像制品，则需要经过其制作者的许可。

(5) 录像制作者享有许可电视台播放权。录像制作者享有许可电视台播放录像制品的权利，但录音制作者没有此项权利。

根据《著作权法》第四十四条的规定，上述录制者权的保护期为五十年，截止于录音、录像制品首次制作完成后第五十年的12月31日。

四、广播组织权

广播组织权是指广播组织对自己播放的节目信号享有的专有权利。

(一) 广播组织权的主体

广播组织权的主体是广播组织。广播组织不仅指广播电台，还包括电视台。我国《著作权法》规定的广播组织为“无线广播组织(是指通过无线方式传播信号的组织)”和“有线广播组织(是指通过有线电缆传播信号的组织)”，但不包括“网络组织”(是指通过互联网络根据预定的时间表传播节目的组织)。

(二) 广播组织权的客体

广播组织权的客体是广播组织播放的节目信号。但这并不等同于广播组织制作的广播、电视节目。例如，中央电视台拍摄的《红楼梦》《西游记》和《围城》等电视连续剧属于满足独创性要求的“电影作品和类似摄制电影的方法创作的作品”，中央电视台对这类作品享有著作权；又如，中央电视台的记者采访他人形成的录音或者录像是录音、录像制品，中央电视台对这些录制品享有录制者权。广播组织获得广播组织权的依据并不是制作节目，而是播放节目。无论节目是否为广播组织自己创作，只要是广播组织合法播放的，广播组织就对该节目信号享有广播组织权。当中央电视台播放电视连续剧时，既作为制片人享有著作权，又作为广播组织享有广播组织权。

(三) 广播组织权的内容

广播组织权的具体权利内容包括以下几个方面。

(1) 转播权。

(2) 录制、复制权。

(3) 信息网络传播权。

根据《著作权法》第四十七条的规定，上述广播组织权的保护期是五十年，截止于广播、电视首次播放后第五十年的 12 月 31 日。

五、版式设计权

出版者有权许可或者禁止他人使用其出版的图书、期刊的版式设计，该权利称为出版者享有的版式设计权。版式设计是指对印刷品的版面格式的设计，包括对版心、版式、用字、行距、标点等版面布局因素的安排。不同的出版社出版同一部作品，在版面格式上往往有所区别，这体现了出版社的劳动和设计成果。出版社的版式设计不能满足“独创性”要求，无法受到著作权的保护。但是，如果放任其他出版社在出版相同作品特别是已过保护期的作品时随意使用版式设计，那么对版式设计者是不公平的。因此，《著作权法》规定了版式设计权来保护这种成果。但是版式设计是有限的，出版界常用的版式本身是可以穷尽的，如果对版式设计的保护过于宽泛，将会影响出版业的总体发展。所以，版式设计权可以理解为对同一本出版物，出版者有权禁止他人进行完全或基本相同的复制。

根据《著作权法》第三十七条的规定，版式设计权的保护期是十年，截止于使用该版式设计的图书、期刊首次出版后第十年的 12 月 31 日。

另外，著作权关于合理使用和法定许可的各项法律规定同样适用于邻接权。因此，对著作权人的权利限制同样适用于对出版者、表演者、录音录像制作者、广播电台、电视台的权利限制。

2.6 著作权的利用和侵权

一、著作权的利用

著作权的利用是指著作权人利用或者授权他人利用其版权作品，以获得相应报酬或者收益的法律行为，是著作权人通过行使著作权实现著作权利益的必要方式。例如，文字作品著作权人授权他人将其小说改变为电影剧本，音乐作品著作权人授权他人演唱或在营业场所播放其音乐作品等行为。著作权利用既能让著作权人收回投资或者创作的成本，也能让社会公众从作品中获得精神利益。例如，电影制片人通过行使电影作品的发行权和放映权获得票房收入来收回投资成本和营利收入，而电影观众从观赏电影中获得精神享受。常见的著作权利用形式包括著作权的转让、许可和质押。

(一) 著作权的转让

著作权转让，是指著作权人通过转让合同将其著作财产权的一部分或全部让渡给对方当事人的法律行为。我国《著作权法》规定了十二项著作财产权，其中每一项具体的权利都可以独立的作为转让客体，也可以将其中的若干项或者全部作为转让客体。根据著作权法的规定，著作权转让的客体只能是著作财产权，著作人身权是不可转让的对象。在此法律关系中，著作权人是转让人，合同相对人是受让人。

由于著作财产权的转让不要求进行登记和公告，因此著作财产权的变动缺乏公示，在权利人就相同的著作财产权订立多重转让合同的情况下，只能参照使用买卖合同的有关规定，在多个转让合同均有效的情况下，成立在先合同的受让人应当取得相应的著作财产权。

(二) 著作权的许可

著作权的许可，是指著作权人通过许可使用合同授权他人在某个地域范围内以某种方式利用其作品的法律行为。在此法律关系中，著作权人称为许可人，对方当事人称为被许可人。许可的标的是著作财产权中的一项或几项，不能许可著作人身权。

与著作权转让相比，著作权的许可不能改变著作权的归属，被许可人获得的只是对作品的使用权。但如果被许可人获得的是专有许可权，则包括著作权人在内的其他所有人，都不得以与被许可人同样方式使用作品。因此，实际生活中，常常有人把专有许可权混同于转让权，但是在法律上这两者有质的差别：专有许可被许可人只能在合同约定的时间和地域范围内，按约定的方法使用作品，不能转让该权利也不能授予分许可；而对于著作权受让人不仅能够自己使用作品，还能将其拥有的权利转让或许可他人。

(三) 著作权的质押

质押是指为担保债权的实现，债权人根据合同占有债务人或者第三人提供的财产，当债务人到期不履行债务时，能够以该财产折价或者拍卖、变卖该财产的价款优先受偿的担保形式。债权人对出质财产或者权利所享有的优先受偿权称为质权，出质的财产或权利称为质物。质权有两种，一种是动产质权，另一种是权利质权。动产质权是指因设立担保而占有债务人或第三人移交的动产，在债务人不履行债务时就该动产的变卖价款优先受偿的权利。权利质权是指以所有权以外的可转让的财产权利为出质财产的质权。

我国《民法典》规定著作财产权可以出质。著作人身权不能作为质押标的。著作财产权出质后，出质人不得转让或者许可他人使用，但经出质人与质权人协商同意的除外，出质人转让已出质作品的著作财产权或者许可他人使用已出质的作品所得的价款，应当向质权人提前清偿债务或者提存。以著作财产权出质的，当事人应当订立书面合同，由出资人和质权人向国家版权局办理出质登记，质权自登记之日起生效。

我国《著作权法》规定的邻接权中，除表演者权的人身权外，其他权利均为财产权，可以比照著作权的法律规定进行利用。

二、著作权的侵权

侵犯著作权的行为可分为直接侵权和间接侵权。在未经著作权人许可和缺乏法律依据的情况下实施受著作权专有权利控制的行为，构成“直接侵权”。教唆、引诱他人实施著作权侵权行为，或在知晓他人侵权行为的情况下，对该侵权行为提供实质性帮助，则构成“间接侵权”。间接侵权行为包括帮助侵权、替代侵权和辅助侵权等。

我国《著作权法》规定的直接侵权行为有十九种，可以划分成两个类别：一类是只承担民事责任的侵权行为，另一类是须承担民事责任、可能还须承担行政责任、甚至刑事责任的侵权行为。

第一类：仅承担停止侵害、消除影响、赔礼道歉、赔偿损失等民事责任的侵权行为。

此类侵权行为有十一种，包括：

(1) 侵犯发表权的行为，即未经著作权人许可而发表其作品的行为；

(2) 侵占合作著作权的行为，即未经合作作者许可，将与他人合作创作的作品当做自己单独创作的作品发表的行为；

(3) 非法署名行为，即没有参加创作，为谋取个人名利，在他人作品上署名的行为；

(4) 侵犯保护作品完整权的行为，即歪曲、篡改他人作品的行为；

(5) 剽窃行为，即行为人将他人创作的作品窃为己有，以自己的名义公开发表，而不注明作品出处，不指明作者姓名的行为；

(6) 侵犯某些财产权的行为，即未经著作权人许可，以展览、摄制视听作品的办法使用作品，或者以改编、翻译、注释等方式使用作品的行为；

(7) 侵犯获得报酬权的行为，即使用他人作品，应当支付报酬而未支付报酬的行为；

(8) 侵犯出租权的行为，即未经视听作品、计算机软件、表演者或者录音录像制作者许可，出租其作品或者录音录像制品的原件或者复制件的行为；

(9) 侵犯版式设计权的行为，即未经出版者许可，使用其出版的图书、期刊的版式设计的行为；

(10) 侵犯表演者权的行为，即未经表演者许可，从现场直播、公开传送其现场表演、录制其表演的行为；

(11) 其他侵犯著作权以及与著作权有关的权利的行为，即兜底条款。

第二类：不仅应当承担民事责任，还可能承担行政责任，甚至刑事责任的侵权行为。

和第一类侵权行为相比，此类侵权行为不仅给著作权人和邻接权人带来财产损失，还可能损害公共利益，甚至构成犯罪。法律规定了下列八项侵权行为：

(1) 侵犯著作权人某些财产权的行为，即未经著作权人许可，复制、发行、表演、放映、广播、汇编、通过信息网络向公众传播其作品的行为；

(2) 侵犯图书出版者专有权的行为，即擅自出版、复制或者以其他方式制作、发行他人享有专有出版权的图书的行为；

(3) 侵犯表演者权的行为，即未经表演者许可，复制、发行录有其表演的录音录像制品或者通过信息网络传播其表演的行为；

(4) 侵犯录音录像制作者权的行为，即未经录音录像制作者许可，复制、发行或者通过信息网络传播其录音录像制品的行为；

(5) 侵犯广播组织权的行为，即未经广播电台、电视台许可，播放、复制或者通过信息网络向公众传播广播、电视节目的行为；

(6) 避开或破坏技术设施的行为，即未经著作权人或相关权利人许可，故意避开或者破坏技术措施的，故意制造、进口或者向他人提供主要用于避开、破坏技术措施的装置或者部件的，或者故意为他人避开或者破坏技术措施提供技术服务的行为；

(7) 删除或者改变权利管理电子信息的行为，即未经著作权人或者与著作权有关的权利人许可，故意删除或者改变作品、版式设计、表演、录音录像制品或者广播、电视上的权利管理信息的，知道或者应当知道作品、版式设计、表演、录音录像制品或者广播、电视上的权利管理信息未经许可被删除或者改变，仍然向公众提供的行为；

(8) 侵犯他人免受作品之虚假署名权利的行为，即制作、出售假冒他人署名的作品的行为。

可见，根据侵权行为的认定不同，承担的法律责任也相应有很大差别。例如，同样是侵犯表演者权，未经表演者许可，从现场直播或者公开传送其现场表演或者录制其表演的行为仅仅承担民事责任，但如果未经表演者许可，复制、发行录有其表演的录音录像制品或者通过信息网络传播其表演的行为，不仅承担民事责任，还可能承担行政责任，甚至刑事责任。

著作权侵权行为发生后，著作权人可以通过协商、调解或仲裁等途径解决，更为常见的是著作权的侵权诉讼。根据我国《民事诉讼法》的规定，从级别管辖的角度出发，著作权侵权纠纷的第一审法院通常是中级人民法院，只有少数地区(例如北京海淀区人民法院、上海浦东区人民法院等)的基层人民法院可以作为一审法院受理著作权侵权纠纷。从地域管辖的角度出发，第一审的管辖法院可以是侵权行为发生地、侵权人住所所在地或是营业场所在地法院。如果当事人同时向一个以上法院起诉，由先受理的法院进行审理。

思 考 题

1. 著作权为什么不保护思想？
2. 著作权人行使发表权时将作品公布于众的方式有哪些？
3. 著作权人行使复制权时将作品制作一份或多份的方式有哪些？
4. 如何理解“发行权一次用尽”或者“首次销售”的原则？
5. 如何理解著作权的主体？
6. 人工智能完成的“作品”是否受到著作权的保护？为什么？

第三章 专 利 权

专利权是知识产权体系的重要组成部分。本章的内容包括：专利权概述，专利权的客体，专利权的主体，专利的申请、审批和授权，专利权的内容，专利权的限制，专利权的保护和专利的复审、无效和终止。

3.1 专利权概述

3.1.1 专利制度的历史沿革

一、世界专利制度的发展历程

按照专利制度在不同时期的特点，世界专利制度的发展划分为四个阶段：初始萌芽阶段、国家普及阶段、国际合作阶段和世界一体化阶段。

(一) 第一个阶段(1474 年—1789 年)——初始萌芽阶段

在公元前的雅典国王时代，就已经开始对技术发明授予独占权。到了中世纪，一些西方国家为了发展经济，赐予商人和手工业者在一定时期内免税并独家经营某种新产品的特权。例如：1331 年，英王爱德华三世授予工艺师约翰·卡姆比缝纫和织染技术发明“独专其利”的权利；1409 年，亨利六世授予匠人约翰一种玻璃制造方法 20 年的垄断权。由于这些特权并不在国家制度下被授权，只是君主的个人意愿，因此，不能被称为“专利”。

世界上最早的一部专利法是 1474 年威尼斯共和国颁布的《威尼斯专利法》。该法规定：“任何人在本城市制造了前所未有的、新而精巧的机械装置者，一俟改进趋于完善至能够使用，即应向市政机关登记；本城其他任何人在 10 年内未经许可，不得制造与该装置相同或相似的产品；如有制造者，上述发明人有权在本城任何机关告发，该机关可令侵权者赔偿一百金币，并将该装置立即销毁。”《威尼斯专利法》开始了以立法形式取代君主赐予特权的制度。该法规定了三个基本原则，即保护发明创造原则、专利独占原则、侵权处罚原则。这三个原则为现代专利制度奠定了重要的基础。

1624年英国制定了《垄断法》，又叫《专卖条例》。该法规定了发明专利的主体、客体，取得专利的条件，专利的有效期限，专利权的限制以及宣告专利无效的条件。该法虽然简单，但是反映了现代专利法的基本内容，其中包括：专利权授予最先发明的人；专利权人在国内有权制造、使用其发明的物品和方法；专利不得引起价格上涨、不得有碍交易、违反法律或损害国家利益；专利保护期为14年等。英国专利法的制定对当时的工业革命产生了巨大的推动作用，也对其他国家产生了很重要的影响。英国专利法被认为是世界专利制度发展史上第二个里程碑，是现代专利法的始祖。

(二) 第二个阶段(1790年—1882年)——国家普及阶段

17～18世纪间，西方国家经济迅速发展，出现了现代化大生产，新技术的使用成为最有效的市场竞争手段，新技术的拥有者要求国家对自己的技术予以保护，专利制度在各个国家开始广泛发展起来。

美国于1790年制定了第一部专利法，几经修订至今仍在使用。法国紧随其后，在1791年颁布了本国专利法。接下来分别是俄国于1814年、荷兰于1817年、西班牙于1820年、印度于1859年、日本于1885年先后颁布了本国的专利法。

德国发明家威尔那芬·基勉斯鲁曾在1876年向当时的宰相俾斯麦进言，并陈述了制定专利法的必要性，他说："德国工业面临全面崩溃的危机，摆脱此危机的唯一出路，就是发挥工业从业者的精神智慧能力，但是目前技术人员既无社会名誉，发明又缺乏保护，导致德国的技术人才大量流向英国、美国和其他工业国，这必然削弱德国的竞争力和国力。"进言后第二年即1877年，德国也颁布了本国的专利法。

(三) 第三个阶段(1883年—1994年)——国际合作阶段

在专利制度形成的初期，大多数国家的专利法采用不审查原则，只要申请登记就可以获得专利证书，其中很多专利并没有实际的技术价值。登记制保证不了专利的质量，这给专利法的实施带来了负面影响，因此登记制执行时间不久就被淘汰了。20世纪初，多数工业发达国家采用了审查制或者早期公开、延迟审查制，这两种制度沿用至今。

第二次世界大战以后，在新技术革命的冲击下，国家间的技术、经济交流空前发展。为适应国际形势的需要，各国纷纷修订或重订了专利法。在扩大专利保护的范围，严格授予专利权的条件的同时，1883年，由一些工业发达国家牵头，促成了国际间对专利权和商标权等工业产权形成保护的第一部国际公约——《保护工业产权巴黎公约》，并成立了专门的国际组织，专利制度呈现出国际化的趋势。至此，世界专利制度从国家普及阶段发展到了国际合作阶段，经过几百年的演变和充实，发展成一项比较完善、系统的法律制度。

(四) 第四个阶段(1995 年至今)——世界一体化阶段

世界一体化阶段也称作全球一体化阶段。这个时期的标志性事件是 1994 年 4 月 15 日，由各国代表在摩洛哥的马拉喀什签字，并于 1995 年 1 月 1 日起生效的《TRIPS 协议》的产生。随着世界社会经济一体化进程的加速，国际间陆续建立了保护专利的基本标准的国际条约、国际注册或申请体系的国际条约以及分类体系的国际条约，例如，2001 年《专利合作条约》、2005 年《专利法条约》，自 2001 年开始谈判《实体专利法条约》等。

专利制度是一项复杂的经济法律系统，进入 21 世纪后，各国更多的是反思专利法运行的社会效果。由此也产生了一些问题，例如，全球贸易环境下公平的市场竞争需要更多的还是更少的专利？专利申请的动力是来自技术创新的激励还是市场垄断的驱使？专利的滥用是否危害了创新与发展？未来专利制度的发展方向在哪里？……解读专利制度不仅从制度设计本身去学习和接受，更需要从经济学、社会学和法理学等多角度去审视专利制度的改革和发展。

二、我国专利制度的发展历程

我国古代社会不推崇技术，也不重视技术人员，缺乏专利制度产生的土壤。在近代太平天国运动中，洪仁玕在《资政新篇》中提出过“首创至巧者，赏自以专其利，限满准他人仿做”的主张，由于太平天国运动失败，这一思想并未付诸实践。1898 年，清朝光绪皇帝在“戊戌变法”中颁布了《振兴工艺给奖章程》，其中规定对于不同的发明新方法及新产品，可给予五十年、三十年和十年的专利。但随着变法失败，此章程也未得实施。辛亥革命后，1912 年工商部颁布了《奖励工艺品暂行章程》，规定对发明或者改良的产品，除食品和医药品外，授予五年以内的专利权或给予名誉上的褒奖。1932 年，《奖励工业技术暂行条例》颁布，该条例规定了奖励、审查和颁证的方式方法、条件要求、审查规定、承办机构等具体内容。1939 年修改时增加了“新型”和“新式样”两种专利，就是现在的“实用新型”和“外观设计”专利。1944 年颁布了我国历史上第一部正式的、比较完整的专利法——《中华民国专利法》。该法规定对发明、新型和新式样授予专利权，期限分别是十五年、十年和五年。该法 1949 年 1 月 1 日起在我国台湾地区施行。

新中国成立后，1950 年颁布了《保障发明权与专利权暂行条例》，该条例采用了苏联的发明证书与专利证书的双轨制。1954 年颁布了《有关生产的发明、技术改造及合理化建议奖励暂行条例》，规定了获得发明证书可依条例颁发奖金。1963 年 11 月，上述条例被废止，国务院颁布了新的《发明奖励条例》，以发明奖励制度代替了发明保护制度。

1984 年 3 月 12 日，为了适应改革开放、技术引进的需要，第六次全国人民代表大会第四次会议审议通过了《中华人民共和国专利法》(以下简称《专利法》)，该法于 1985 年 4 月 1 日起正式施行。这部《专利法》的诞生，标志着我国专利制度的正式开始。此后，1992 年 9 月 4 日第一次修订，将药品、食品、饮料和调味品以及用化学方法获得的物质也纳入专利保护范围，同时延长了保护期限。为了适应加入世界贸易组织和遵守《TRIPS 协议》的需要，2000 年 8 月 25 日进行了第二次修订。为实现“提高自主创新能力，建设创新型国家”的战略目标，2008 年 12 月 27 日进行了第三次修订，修订后的法条于 2009 年 10 月 1 日起施行。为实现“以良法善治推动改革开放，充分激发全社会的创新活力”的战略目标，2020 年 10 月 17 日进行了第四次修订，修订后的法条于 2021 年 6 月 1 日起开始施行。

3.1.2 专利权的概念、特征和作用

一、专利权的概念

“专利”一词源于对英文 patent 的翻译。patent 最初是指国王亲自签署的独占权利证书。国王的这种证书发布需要通过信件传递，这类信件不像通常的信件是密封的，而是敞开封口的，经手的任何人都可以打开看，目的是希望所有看到这一证书的人都知道被授予独占权利的技术的内容。这也就解释了 patent 早期的表述是 letter patent 的原因。patent 表示公开的信件，所以，其首要的含义是公开，对于专利而言，除了例外的情形，申请人必须向社会公开其技术方案，才能获得授权；其次，patent 还有授予特权的含义，这意味着专利权是国家经过法定程序专门授予的权利。而汉语中专利通常被理解为“专有其利”，意思是利益只能专属于某个人所有，其他人无法享有这种利益。“专利”和“垄断”含义非常接近。汉语的“专利”一词没有反映出“公开”和“特别授权”这两层含义，在汉语中没有能够确切表达 patent 含义的词语。

法律意义下的专利就是指专利权，结合 patent 原意和各国的专利法律制度，将专利权定义为：国家根据发明人或设计人的申请，以向社会公开发明创造的内容，以及发明创造对社会具有符合法律规定的利益为前提，根据法定程序在一定期限内授予发明人或设计人的一种排他性权利。

二、专利权的特征

专利权具有世界知识产权组织所论述的知识产权最基本的特征，包括专有性、地域性和时间性。

(一) 专有性

专有性也称独占性、排他性。一方面是指同一内容的发明创造只能授予一项专利权，即使是不同主体不谋而合产生的同一发明创造，也只能授予一项专利权；另一方面是指两项以上专利权不得保护相同的技术或设计方案。

(二) 地域性

专利权的效力具有地域范围，一个国家授予的专利权，仅在该国地域内有效，在其他国家没有法律效力。专利权的地域性是由专利法的国内法性质决定的。一件发明创造若要在某个国家得到保护，必须依照该国专利法提出专利申请并取得专利。随着国际公约覆盖的国家和地区越来越广泛，有的国家甚至主张建立世界专利体系，专利的地域性开始淡化。例如，美国专利局、欧洲专利局和日本专利局推动的三局专利审查标准的统一和授权效力的相互认可。

(三) 时间性

专利权有法定的保护期限，在保护期限内专利权人享有独占权。法律对专利技术的垄断权给予时间限制，目的是为了平衡专利权人和社会公共利益。在保护期内，专利权人可以最大限度地利用专利获取利益，从而保证专利权人对发明创造投入的回收。一旦该专利期限届满或因故提前终止，该专利技术就会进入公有领域，任何人都可以无偿利用这项发明创造。世界各国都存在大量超过保护期或因故提前终止的专利技术，这是一笔巨大的公共财富，为发展中国家提供了一定的创新和发展空间。

三、专利法的作用

专利法是调整由发明创造活动产生的智力劳动成果所引起的各种社会关系的法律规范的总和。专利法调整的社会关系决定了专利法的调整对象，具体如下所述。

(一) 专利法调整因确认发明创造专利权而产生的各种社会关系

发明创造产生的智力劳动成果属于无形财产，应当受到法律保护，但并非人类的所有发明创造都能够获得专利保护。保护客体范围的确定、保护期限的长短、保护水平的高低，都是由国家根据经济技术发展的状况决定的。什么样的主体可以申请专利以及专利权的归属，根据职务发明、非职务发明、合作发明和委托发明等具体的情形来分别确定。

(二) 专利法调整因授予专利权而产生的各种社会关系

专利法的宗旨是保护发明创造专利权。围绕着如何进行专利申请、审查、授权，必然会产生诸多社会关系，这是专利法调整对象中最重要的一部分内容。专利申请人必须履行一定的法定义务，专利授权机构也要严格执行法律规定的职能。

(三) 专利法调整因保护专利权而产生的各种社会关系

保护专利权必须明确权利保护的期限、范围、内容及其权利限制，明确侵权的认定原则和承担的责任，以及权利人采取法律救济的手段和途径等。由此产生的社会关系的调整，决定着专利法保护水平的高低以及保护力度的强弱。

(四) 专利法调整因利用专利权而产生的各种社会关系

保护专利权的最终目的是使其最大范围地为社会所用，促进科学技术的全面发展。一项发明创造只有应用于实际生产才能显示其价值，同时专利权人才能从中获益。专利权利用有多种形式，如转让、许可和自行实施。而专利权利用时除充分考虑权利人利用外，还要保证公众利益，防止权利滥用和限制公平竞争。因此对专利权人权利行使合理限制也是专利法的重要任务。

概括地讲，专利法解决以下七大问题。

(1) 什么是专利权；

(2) 谁可以申请和取得专利权；

(3) 什么发明创造可以给予专利保护；

(4) 专利申请、审查和确权程序是怎样的；

(5) 取得专利权须满足的其他条件是什么；

(6) 如何保护专利权及相关权利；

(7) 如何保护公众权利和防止权利滥用。

3.2 专利权的客体

专利权的客体是专利权的保护对象。我国专利法的保护对象是发明、实用新型和外观设计专利。

3.2.1 发明专利

我国《专利法》第二条第二款规定“发明，是指对产品、方法或者其改进所提出的新的技术方案”。专利法意义上的发明和日常用语中的发明含义不同，它是指为解决技术问题而对产品、方法或其改进提出的新的技术方案。

一、发明专利的定义

只有符合以下条件的智力成果才是专利法意义上的发明。

(一) 发明必须是正确利用自然规律的结果

所谓自然规律是指自然界客观存在的并且能够被人们认识的规律，例如，水有浮力、地球有引力等属于自然规律。狭义的自然规律是相对于精神世界的物质世界的规律，以及人的身体之外的规律；而广义的自然规律包括了有关人的身体和精神世界的规律。虽然现代专利法在个别情况下将自然规律的领域拓宽到了广义的自然规律，但传统专利法所涉及的自然规律是指狭义的自然规律，如物理和化学规律等，它们在人类出现之前就存在于客观物质世界之中。人类可以发现和利用自然规律，却不可能创造新的自然规律。

人类进行社会活动的规律、纯粹人为制定的规则或提出的理论都不属于自然规律。例如，马克思发现的剩余价值规律虽然在资本主义经济活动中普遍存在，但是并非自然世界的规律；二进制、十进制、十六进制等运用于数学计算的公式和规则虽然能够帮助人们认识和利用自然界，但数学本身并不孤立地存在于客观自然界，单纯的数学公式和规则也不属于自然规律。类似地，经济学、哲学和心理学原理都不是自然规律。同样地，讲课的技术、演讲的技术、下棋的技术、打牌的技术和推销的技术等，虽然被称为技术，但是只利用了人类的心理规律而非自然规律，也不能成为专利法意义上的发明。

发现自然规律本身不能构成发明，只能是科学发现。例如，伽利略从比萨斜塔上同时扔下重量不同的物体，发现物体下落速度与物体的重量无关。这个物理学的规律是科学发现而不是发明。如果有人根据这个物质落体定律设计出一种省力的机械装置，那么这种机械装置可能成为专利法意义上的发明。

发明必须建立在正确利用自然规律的基础上。历史上多次有人就“永动机”的设计方案申请发明专利权，但是由于永动机的设计原理违反了能量守恒这一基本自然规律，因此永动机的设计是不可能被实现的。例如，有人申请的发明专利关乎一种“不需要任何能量或者燃料输入的机械，称该机械依靠磁体之间同极相斥的原理，达到使机械不断旋转做功的目的。”由于这样的技术方案没有正确利用自然规律，这样的“磁永动机”的专利申请是不可能被授权的。

(二) 发明必须是一种技术方案

专利法意义上的发明是一种技术方案。《专利审查指南》上定义的技术方案是指对要解决的技术问题所采取的，利用了自然规律的技术手段的集合。如果一种方案没有针对技术问题，没有利用自然规律，也没有取得符合自然规律的技术效果，那么一定不是专利法意义上的技术方案，也就不能获得专利权。例如，一位老教师提出帮助年轻教师克服初上讲台时紧张心理的新方法，针对的不是技术领域的问题，利用的也并非是自然规律，而是人的心理，这当然也不可能产生符合自然规律的技术效果，因此该方法不是技术方案，不能获得专利权。

技术方案和技术相比，技术更加具体，能够解决某种现实问题。而技术方案是技术手段的集合，较为概括，是一种能够实现的构思。以指南针为例，只要利用磁石能够指明方向这一自然规律，构思出一种由磁石薄片和其支架组成的用于指明方向的机械装置，并将其辅助文字和图形加以说明，就完成了指南针的技术方案，即完成了发明的过程。而如何磨制磁石，使用何种材料制成支架等就是具体的“技术”问题。

(三) 发明必须能够较为稳定的被重复实施

发明的技术方案应当能够较为稳定地被重复实施，这样才能给社会带来稳定的效益，对这样的技术方案才有保护的必要。一般地，高度依赖个人的心理和身体素质的技术方案不能被稳定地重复实现。例如，我国某著名的肝胆外科专家能够凭借个人的学识和经验，徒手摘除患者的肝脏肿瘤，救治了很多病患；无论他怎么努力向其他人传授这项技术，都很少有同行或学生能够掌握和操作这样的技术方案。说明这项技术的实施和个人特质有关，其效果无法被其他人稳定地再现，因此不是专利法意义上的发明。

二、发明专利的分类

根据发明的定义，可以将发明分为两大类：产品发明和方法发明。产品发明是指人工制造的具有特定性质和用途的物质，如机器、设备、装置、工具、化合物、组合物、各种材料等。未经人类加工，自然界原本存在的物质不能成为发明物。例如，居里夫人首次发现的镭不能成为发明，但是从自然界获取镭这个物质的新设备可以成为发明。方法发明是指实现某种技术效果的程序或步骤，如制造某个产品的化学方法、物理方法、生物学方法和机械方法等。

产品发明取得专利后称为产品专利，方法发明取得专利后称为方法专利。

3.2.2 实用新型和外观设计

一、实用新型

我国《专利法》第二条第三款规定“实用新型，是指对产品的形状、构造或者其结合所提出的适于实用的新的技术方案”。实用新型专利在技术创造性上低于发明专利，也被称为“小发明”或“小专利”。世界上对实用新型的保护始于 19 世纪的英国，最早把实用新型作为一种工业产权进行保护的却是德国。目前，世界上对实用新型采用专利方式保护的国家不多，有中国、日本和德国等。我国专利法所定义的实用新型有以下两方面特征。

(一) 必须是具有一定形状或构造的产品

根据专利法对实用新型的定义，实用新型只能是产品，该产品是经过工业方法制造的，有确定形状的，且其构造占据一定空间的实体。产品的形状是指产品具有的可以从外部观察到的确定的空间外形，申请实用新型专利的产品应当具有确定的、由人设计的形状。任何无确定形状的产品，如气态、液态物质，或自然形态存在的物质，如物体堆积的形状，都不符合实用新型的要求。产品的构造是指产品的各个组成部分的安排、组织和相互关系，包括机械构造和线路构造等，如自行车各个零件的组合和连接关系，单放机各个电子元器件的组合和连接关系等。

(二) 必须是能够解决技术问题的形状、构造或其组合

实用新型和发明都是能够正确利用自然规律解决技术问题的技术方案。实用新型是通过产品的形状和构造来解决技术问题的，不涉及方法。例如，一般的铅笔是圆柱体，在桌面上容易滚动而落到地上，将铅笔设计成三棱柱体或者六棱柱体，就能有效地防止铅笔的滚动。这种对形状所提出的技术方案就属于实用新型专利。

二、外观设计

我国《专利法》第二条第四款规定“外观设计，是指对产品的整体或者局部的形状、图案或者其结合以及色彩与形状、图案的结合所作出的富有美感并适于工业应用的新设计”。外观设计与发明和实用新型有着本质上的区别：外观设计不解决任何实际技术问题，只能使产品美观，对消费者产生吸引力。具体地讲，外观设计具有以下特征。

(一) 外观设计是对产品外观的设计

产品是指用工业方法生产出来的任何物品。对于决定于特定地理条件的、不能重复再现的建筑物、桥梁的形状，不能重复生产的手工产品、农产品、畜产品、自然物等，不能作为外观设计的载体。这里的产品必须是可以通过工业生产方法重复制造的。脱离工业产品而进行的形状、图案或其与色彩结合的设计，有可能构成著作权法意义上的平面或者立体的美术作品，而非外观设计。例如，在纸上绘制的新奇图案是美术作品，但将该图案印制在贴墙的壁纸上，就成为壁纸的外观设计，将该图案印制在窗帘上，就成为窗帘的外观设计。

(二) 外观设计是对产品形状、图案和色彩的设计

产品的形状、图案或者其结合以及色彩与形状、图案的结合，均可构成外观设计。例如，造型优美的香水瓶和独特的家居用品，印有美丽图案的地毯等。形状是指立体或平面产品外部的点、线、面的转移、变化、组合而呈现的外表轮廓。图案是指将设计构思所产生的线条、变形文字加以排列或组合并通过绘图或其他手段绘制的图形。色彩是指用于产品上的颜色或者颜色的组合。但色彩不能单独构成外观设计，这是因为色彩是有限的，允许单纯的色彩获得外观设计专利权会导致垄断，对后来者不公平。

(三) 外观设计富有美感

外观设计是为了增加产品对潜在购买者的吸引力。因此，设计应当博得潜在消费者的喜爱，使人们看到设计后有赏心悦目的感觉，激发其购买欲。但是何谓美感呢？由于不同人的生活环境、修养、爱好和习惯不同，审美也不同，对美的感受和评价因人而异，在实际中只要应用在产品上有一定特色，被一部分消费者认为美观，就认为该外观设计符合专利法意义上富有美感的要求。

3.2.3 不授予专利权的客体

世界各国并非对所有符合新颖性、创造性和实用性等专利授权条件的科学技术发明都授予专利权。在我国,《专利法》第五条和第二十五条就明确规定了不能获得专利权的几种情形,具体如下。

《专利法》第五条第一款规定“对违反法律、社会公德或者妨害公共利益的发明创造,不授予专利权”。这里的法律是指由全国人民代表大会或者全国人民代表大会常务委员会依照立法程序制定和颁布的法律,不包括行政法规和规章。违反国家法律的发明创造可能有两种情形:一是发明创造本身就直接违反法律,例如假钞机,不能受到专利法的保护;二是相关产品或方法既有合法用途,又有非法用途,根据《巴黎公约》的规定“不应以专利产品的销售,或依专利方法制造的产品的销售,受到本国法律的限制或限定为由,而拒绝授予专利或是专利无效。”这类发明创造仍然可以获得专利权。例如,以国防为目的的各种武器的生产、销售及使用虽然受到国家法律的限制,但这些武器及其制造方法仍属于专利法保护的客体。

违反社会公德是指违反公众普遍认为正当的、并被广泛接受的伦理道德观念和行为准则,这类发明创造不能被授予专利权。例如,带有暴力凶杀和淫秽内容的图片的外观设计,不能被授予专利权。

妨害公共利益是指发明创造的实施或使用会给公众或社会造成危害,或者使国家和社会的正常秩序受到影响,这类发明创造不能被授予专利权。例如,某人发明了一种大门的防盗装置,当大门被强行撬开时,门的缝隙处会喷射出一股浓硫酸,该装置属于妨害公共利益的发明创造,不能被授予专利权。

《专利法》第五条第二款规定“对违反法律、行政法规的规定获取或者利用遗传资源,并依赖该遗传资源完成的发明创造,不授予专利权”。遗传资源是指来自人类、动植物或者微生物的具有遗传功能单位的材料。随着现代生物技术的发展,遗传资源的经济价值越来越凸显,例如,人类的许多疾病与基因有关,每个民族都有某些特定的基因。如果能够分离出与一个民族的特定疾病有关的基因,弄清其致病机理和功能,就可能在这个基础上研发治疗特定基因疾病的药品,并获得相关的专利权。我国《人类遗传资源管理暂行办法》明确规定,对于重要遗传家系和特定地区遗传资源,未经许可,任何单位和个人不得擅自采集、收集、出口、买卖或以其他形式对外提供。所以,对违反法律、行政法规的规定获取或者利用遗传资源完成的发明创造不能授予专利权。

《专利法》第二十五条规定了以下几种不授予专利权的客体。

(一) 科学发现

科学发现是对自然界客观存在的现象、变化过程及其特征和规律的揭示和认识。科学发现没有提出用于解决技术问题的技术方案，所以不能获得专利权。从广义上说，科学理论是将人类对自然界的认识进行总结和系统化的结果，因此也属于科学发现，但是基于科学发现形成的、能够解决实际问题的技术方案则可能被授予专利权。例如，发现一种自然界存在的矿物质不能获得专利，但从矿物质中提取化学成分后，制成某种治疗疾病的药物就可能获得专利权。

(二) 智力活动的规则和方法

智力活动的规则和方法是指导人们对信息进行推理、识别、分析、判断和记忆等思维活动的规则和方法。这是人的大脑进行精神和智能活动的手段或过程，不是对自然规律的利用，更没有形成技术方案。例如，管理方法、记忆方法、速算方法、推理方法、检索方法、分类方法、游戏方法、乐谱、语法、锻炼方法等都不能授予专利权。但是进行智力活动的新设备、新工具或新装置是可能获得专利权的。

(三) 疾病的诊断和治疗方法

疾病的诊断和治疗方法是指以有生命的人或动物为直接实施对象，进行识别、确定或者消除病因或病灶的过程。传统的诊断和治疗方法的实施和效果，很大程度上取决于实施者本人的生理和心理状态，不能够稳定的重复再现，因此不能授予专利权。但随着医疗技术的进步，许多诊断和治疗方法可以借助医疗设备和药物，取得稳定的诊断和治疗效果，符合专利法对发明的要求。这种情况下，把疾病的诊断和治疗方法排除出专利授权的客体，就是出于适当缩小专利保护范围的政策考虑。我国的医疗技术与发达国家相比尚有差距，在不违反国际公约的前提下，暂时不对疾病的诊断和治疗方法授权是基于我国国情作出的政策选择。例如，诊脉法、X 光诊断法、超声诊断法、胃肠造影诊断法等诊断方法，以及外科手术方法、药物治疗方法、心理疗法，以治疗为目的的针灸、推拿、刮痧，护理方法、人工呼吸方法和输氧方法、各种免疫方法均不能授予专利权。

(四) 动物和植物品种

动植物品种是有生命的物体，对动植物品种不给予保护是基于“自然生成的动植物是大自然的产物，不属于人类的发明创造”的传统观点。但是生物技术特别是转基因技术的发展改变了这一情况，科学家通过基因重组可以改变生命体的特征，甚至人为创造出前所未有的生命形式。此时，对作为发明创造成果的生命体能否授予专利权，在国际上极具争议，因为它涉及人们对待生命的伦理观念和国家的公共政策。一方面，植物和微生物跟动物相比，较少涉及伦理方法的问题；另一方面，人工培育的植物品种受光照、温度、水土等自然条件的影响很大，必须经过较长时间、几代的筛选，品种的性状才具有显著性和稳定性，专利审批困难，不适于专利法的保护。所以，我国专利法将动植物品种排除出专利授权的客体，通过《植物新品种保护条例》对植物品种提供了保护，允许对细菌、真菌和病毒等微生物和动植物品种的生产方法授予专利权。

(五) 原子核变换方法以及用原子核变换方法获得的物质

原子核变换方法是指使一个或几个原子核经分裂或者聚合，形成一个或几个新原子核的过程，如实现核裂变的各种类型反应堆的方法。用原子核变换方法获得的物质是指用加速器、反应堆等核反应装置生产、制造的各种放射性同位素。出于国家经济、国防安全和公共生活等重大利益的考虑，以及防止国外原子核技术的垄断，我国和世界各国都不给予这种客体专利权保护，但对于实现原子核变换方法的各种设备、仪器及其零部件允许授予专利权。

(六) 对平面印刷品的图案、色彩或者二者的结合作出的主要起标识作用的设计

平面印刷品主要是指平面包装袋、瓶贴、标贴等用于装饰商品或附着在产品上的印刷品。这些印刷品的图案、色彩或者二者的结合如果主要起到识别商品来源的作用，可以作为商标注册。因此，如果一种设计的主要作用不在于增加商品对消费者的吸引力，而在于识别商品的来源，那么这个设计不应受到专利法的保护，这是 2008 年专利法修订时增加排除的客体。在此之前有大量此类外观设计已被授权，不仅对提高产品的外观设计的创新水平毫无益处，还增加了法律保护机制的重叠和冲突。

3.3 专利权的主体

专利权的主体即专利权人。取得专利权的方式分为原始取得和继受取得。原始取得必须经过申请和授权程序，继受取得必须经过登记和公告才能生效。专利法规定专利权的主体是自然人或者法人。我国专利法根据发明创造及主体的性质，分别规定了发明人或者设计人、专利申请人和专利权人之间的关系和权利内容。

一、发明人或者设计人

发明人或者设计人，是指对发明创造的实质性特点作出创造性贡献的人。在完成发明创造的过程中，只负责组织工作的人、为物质技术条件的利用提供方便的人或者从事其他辅助工作的人，不是发明人或者设计人。例如，管理人员、实验员和描图员等。发明人是指发明或实用新型专利的完成人，设计人是指外观设计专利的完成人。

发明人或设计人只能是自然人，不能在专利申请的请求书中发明人一栏填入“某课题组”或者“某单位”，不能使用笔名或其他非正式姓名。外国发明人中文译名可以使用外文缩写字母，姓和名之间用圆点分开，如M·琼斯。

发明人或设计人享有署名权、获得奖励权和获得报酬权。署名权是人身权利，不能转让、继承，只能无限期由发明人或设计人所享有。发明人或设计人也可以请求国家知识产权局在专利公报、专利申请单行本、专利单行本以及专利证书中不公布其姓名。

如果发明创造是由两个或两个以上的人共同完成的，那么这些人互为共同发明人或设计人。共同发明人或共同设计人的权利和义务是相等的，与排名先后顺序无关。

二、专利申请人

根据非职务发明创造、职务发明创造、合作与委托发明创造等几种情形，专利申请人的确定有所不同。

(一) 非职务发明创造

非职务发明创造是指本职工作或单位交付的工作之外，完全依靠发明人或设计人自身的物质技术条件所作出的发明创造。对非职务发明创造而言，申请专利的权利属于发明人或设计人。申请被批准后，该发明人或者设计人为专利权人。单个人完成的非职务发明创造，专利申请权由申请人所享有；两个或两个以上的人完成的非职务发明创造，专利申请权由全体发明人或设计人共同享有。专利申请权可以放弃或者转让，但必须经过全体发明人或设计人的同意。

(二) 职务发明创造

《专利法》第六条第一款规定“执行本单位的任务或者主要是利用本单位的物质技术条件所完成的发明创造为职务发明创造”。本单位包括临时工作单位。本单位的物质技术条件，是指本单位的资金、设备、零部件、原材料或者不对外公开的技术资料(包括技术档案、设计图纸、新技术信息等)。

根据《专利法实施细则》的规定，职务发明创造是指：在本职工作中作出的发明创造，本职工作的判断可以参照劳动合同、工作人员的职务、责任范围和工作目标，一般不考虑所学的专业；履行本单位交付的本职工作之外的任务所作出的发明创造，一般是指单位短期或临时下达的工作任务，如合作开发、组织攻关、接受委托研究等，在这些工作任务中产生的发明创造与单位的宏观指导、具体方案制定、责任承担以及必要的物质条件密切相关；退休、调离原单位后或者劳动、人事关系终止后一年内作出的，与其在原单位承担的本职工作或者原单位分配的任务有关的发明创造。

职务发明创造申请专利的权利属于单位，申请被批准后，该单位为专利权人。《专利法》还规定了“被授予专利权的单位应当对职务发明创造的发明人或者设计人给予奖励；发明创造专利实施后，根据发明创造推广应用的范围和取得的经济效益，对发明人或者设计人给予合理的报酬”。

《专利法》第六条第三款规定对于“利用本单位的物质技术条件所完成的发明创造，单位与发明人或者设计人订有合同，对申请专利的权利和专利权的归属作出约定的，从其约定”；而对于“主要是利用本单位的物质技术条件所完成的发明创造为职务发明创造”。物质技术条件的利用在何种程度为“主要”，则需要根据具体情况来作出判断。

(三) 合作与委托发明创造

两个以上的单位或个人合作完成的发明创造属于合作发明创造。根据《合同法》第三百四十条的规定：对于合作发明创造的专利申请权，除当事人另有约定以外，属于合作开发的当事人共有，申请被批准以后，专利权也应由合作开发人共有；另外，合作开发的当事人一方不同意申请专利的，另一方或其他各方不得申请专利。

委托发明创造是指一个单位或者个人接受其他单位或者个人委托所完成的发明创造。根据《合同法》第三百三十九条的规定：对于委托发明创造的专利申请权，除当事人另有约定以外，属于完成发明创造的单位或个人，即受托人所享有；受托人取得专利权的，委托人可以免费实施其专利；受托人转让专利申请权的，委托人享有以同等条件优先受让的权利。

国家资助单位或个人完成科研项目实际上是在国家与单位或个人之间形成了委托关系。为了鼓励科研单位创新并积极地将发明创造市场化和产业化，2004 年，科技部和财政部借鉴美国《杜邦法案》的成功经验，规定除涉及国家安全、国家利益和重大社会公共利益的科研计划项目成果以外，项目承担单位可以独立享有一般科研计划项目研究成果的知识产权，依法自主决定研究成果知识产权的实施、许可、转让等。这也是对于一般科研计划项目的研究成果，由承担单位享有知识产权的法律依据。

3.4 专利的申请、审批和授权

3.4.1 专利申请原则

依据我国《专利法》的规定，专利申请有以下几个原则：先申请原则、禁止重复授权原则、优先权原则和单一性原则。

一、先申请原则

专利申请的原则有两种：先发明制和先申请制。顾名思义，先发明制是指两个以上的申请人就同样的发明创造同时申请专利的，专利权授予先发明的人；先申请制是指两个以上的申请人就同样的发明创造同时申请专利的，专利权授予先申请的人。世界各国普遍采用先申请制。我国《专利法》第九条第三款规定“两个以上的申请人分别就同样的发明创造申请专利的，专利权授予最先申请的人”。最先申请是以“申请日”而非“申请时”来判断的，如果两个以上的申请人分别就同样的发明创造在同一天申请专利，视为同时申请。此时在收到国家知识产权局的通知后自行协商确定申请人；如果协商不成，所有人的申请都将被驳回。

二、禁止重复授权原则

《专利法》第九条第一款规定“同样的发明创造只能授予一项专利权”。这是授权的基本原则。在第九条第二款又规定了“但是，同一申请人同日对同样的发明创造既申请实用新型专利又申请发明专利，先获得的实用新型专利权尚未终止，且申请人声明放弃该实用新型专利权的，可以授予发明专利权”。在第三次专利法修订时，为了鼓励发明创造人尽快地实施专利，规定了在特殊例外情形下，允许发明人选择第二次被授予专利权，实际上从整个专利权存续期间来看，同样的发明创造不存在两种专利权同时存在的情况。

三、优先权原则

《专利法》第二十九条第一款规定了“申请人自发明或者实用新型在外国第一次提出专利申请之日起十二个月内，或者自外观设计在外国第一次提出专利申请之日起六个月内，又在中国就相同主题提出专利申请的，依照该外国同中国签订的协议或者共同参加的国际条约，或者依照相互承认优先权的原则，可以享有优先权”。本条第一款是关于外国优先权的规定。例如，美国人琼斯在 2022 年 2 月 1 日向美国专利商标局提出了一项发明专利申请，由于美国和中国都是《巴黎公约》的成员国，琼斯在 2022 年 10 月 31 日就相同的发明创造向国家知识产权局提出发明专利申请，并声明要求优先权。而在此之前，中国人张某于 2022 年 8 月 30 日就独立完成的相同的发明创造内容向国家知识产权局提出过发明专利申请，根据优先权原则，琼斯在美国的申请日被视为其在中国的申请日，该时间早于张某的申请日，根据先申请原则，专利权授予琼斯。

《专利法》第二十九条第二款规定“申请人自发明或者实用新型在中国第一次提出专利申请之日起十二个月内，或者自外观设计在中国第一次提出专利申请之日起六个月内，又向国务院专利行政部门就相同主题提出专利申请的，可以享有优先权”。该条第二款是关于本国优先权的规定。

四、单一性原则

单一性原则是指一件发明或者实用新型专利的申请，应当限于一项发明或实用新型，一件外观设计专利的申请，应当限于一种产品所使用的一项外观设计。也称一发明一申请原则。专利申请应当符合单一性的原因有两个：一是经济上的原因，防止申请人只支付一件专利的费用而获得几个不同专利的保护；二是技术上的原因，便于审查员对专利申请进行分类、检索和审查。不符合单一性原则的几个不同的发明创造需要进行分案申请。

如果属于一个总的发明构思的两项以上的发明和实用新型，或者用于同一类别并且成套出售或使用的产品的两项以上的外观设计，可以作为一件申请提出，也叫合案申请。合案申请应当符合同一发明目的，并具有相同的技术效果。判断一件专利申请要求保护的两项以上的发明是否满足单一性要求，也就是判断权利要求中是否包含在技术上关联的一个或多个特定技术特征。例如，权利要求 1：一种灯丝 A，权利要求 2：一种用灯丝 A 制成的灯泡 B，权利要求 3：一种探照灯，装有用灯丝 A 制成的灯泡 B 和旋转装置 C。与现有技术公开的灯丝相比，灯丝 A 满足新颖性和创造性，这三项权利要求具有相同的特定技术特征——灯丝 A，因此符合单一性原则。

3.4.2　专利申请文件

发明和实用新型属于一种技术方案，而外观设计属于一种设计。专利法规定申请发明和实用新型专利提交的文件相似，区别在于实用新型专利申请文件必须包含附图，而发明专利申请文件无须包含附图文件。申请外观设计的文件与申请发明和实用新型的文件有很大差别。

一、发明和实用新型专利申请文件

发明专利和实用新型专利都属于解决技术问题的技术方案，国家知识产权局对它们的专利申请文件要求是一样的。发明和实用新型专利申请文件包括：请求书、权利要求书、说明书、说明书附图、说明书摘要。

(一) 请求书

请求书是申请人向国家知识产权局提交的表示请求授予专利权愿望的申请文件。申请人须填写国家知识产权局印制的《发明专利请求书》或《实用新型专利请求书》启动专利受理程序，说明发明创造的名称、发明人、申请人、联系人、专利代理机构、专利代理人和联系地址等著录事项。

(二) 权利要求书

权利要求书是说明发明或者实用新型的主要技术特征，以此表述专利请求保护的范围。权利要求书是专利申请文件中最核心的文件。根据《专利法》第二十六条第四款的规定“权利要求书应当以说明书为依据，清楚、简要地限定要求专利保护的范围”，申请人取得专利权后，权利要求书就成为判断他人使用相关技术的行为是否构成专利侵权的依据。一份权利要求书至少包含一项独立权利要求，还可以包含多项从属权利要求。独立权利要求应当从整体上反映发明或实用新型的技术方案，记载为解决发明或者实用新型的技术问题的必要技术特征。从属权利要求记载了附加技术特征，是对引用的权利要求作进一步的限定。

(三) 说明书

说明书应当对发明或者实用新型作出清楚、完整的说明，以所属技术领域的技术人员能够实现为准。所属技术领域的技术人员能够根据说明书公开的内容，应用其应当具有的专业知识，在不需要作出创造性劳动的情况下，就能够实施说明书中记载的发明创造，并且能够达到说明书所描述的预期技术效果。专利申请的说明书应当包括下列内容。

(1) 技术领域：写明要求保护的技术方案所属的技术领域。

(2) 背景技术：写明对发明的理解，检索、审查有用的背景技术，并引证反映这些背景技术的文件。

(3) 发明内容：写明发明所要解决的技术问题以及解决其技术问题所采用的技术方案，并对照现有技术写明发明的有益效果。

(4) 附图说明：说明书有附图的，对各幅附图作简略说明。

(5) 具体实施方式：详细写明申请人认为实现发明的优选方式，必要时举例说明；有附图的，对照附图。

(四) 说明书附图

说明书附图是对发明或实用新型具体方案的图形描述，可以是电路图、结构图、各种视图、示意图等。用文字足以清楚、完整地说明发明的技术方案的，可以没有说明书附图。实用新型专利申请文件必须要有说明书附图。

(五) 说明书摘要

说明书摘要是对说明书记载内容的概述；是为了便于公众进行专利文件检索，不具有法律效力，也不属于原始公开的内容，不能作为修改说明书和权利要求书的依据。说明书摘要应当写明发明或实用新型的名称、所属技术领域、发明创造所要解决的技术问题、解决技术问题的技术方案的要点、用途、与现有技术相比的优点和积极效果。说明书摘要不得使用宣传性词语，文字部分不超过 300 字，可以在摘要后附上最有代表性的附图作为摘要附图。

二、外观设计专利申请文件

外观设计不是解决技术问题的发明创造，而是对工业品外观的设计，因此申请外观设计专利提交的文件与申请发明和实用新型专利的文件不同。申请外观设计的文件包括请求书、图片或照片以及简要说明。

(一) 请求书

请求书是申请人填写《外观设计专利请求书》来表示请求授予外观设计专利愿望的申请文件。请求书应当说明使用外观设计的产品名称、产品所属类型或所属领域、设计人、申请人、联系人、专利代理机构、专利代理人和联系地址等。需要注意的是，在请求书中说明产品的类别非常重要，外观设计专利的保护范围仅基于相同或相近种类的产品。例如，如果仅在毛巾上就一种设计获得外观设计专利，那么他人未经许可在地毯上使用相同设计是不侵犯专利权的。

(二) 图片或照片

图片或照片应当清楚地显示要求专利保护的产品的外观设计。《专利法》第六十四条第二款规定："外观设计专利权的保护范围以表示在图片或照片中的该产品的外观设计为准。"就立体产品的外观设计而言，产品要点涉及六个面的，应当提交六面正投影视图，产品设计要点涉及一个或几个面的，应当至少提交所涉及面的正投影视图和立体图，并在简要说明中写明省略视图的原因；就平面产品的外观设计而言，产品设计要点涉及一个面的，仅提交该面正投影视图，产品设计要点涉及两个面的，应当提交两个面的正投影视图。

(三) 简要说明

简要说明可以用于解释图片或者照片所表示的该产品的外观设计。《专利法实施细则》规定，外观设计的简要说明应当写明外观设计产品的名称、用途，外观设计的设计要点，并指定一幅最能表明设计要点的图片或者照片。省略视图或者请求保护色彩的，应当在简要说明中写明。对同一产品的多项相似外观设计提出一件外观设计专利申请的，应当在简要说明中指定其中一项作为基本设计。简要说明不得使用商业性宣传用语，也不能用来说明产品的性能。

3.4.3 专利的审批

一、专利审批制度概述

专利是一种经过特定程序授予的权利。专利申请能否被批准授予专利权，取决于国家专利机关按照法定程序审查的结果。在专利制度发展的初期，世界上存在两种专利授权制度：形式审查制和实质审查制。

(一) 形式审查制

形式审查制是指对专利申请只进行形式上的审查，即只审查申请是否履行了法定手续、申请文件是否齐全，以及主题是否属于专利法的保护对象等，而对新颖性、创造性和实用性等实质性条件不进行审查。形式审查制的优点是审批快速，缺点是由于没有实质审查，在实务中会出现重复授权或者授权不当的情况。现在，完全实行形式审查制的国家已经非常少了。

(二) 实质审查制

实质审查制是对申请是否符合专利实质性条件进行审查。实质审查制的优点是能够保障专利的质量，但缺点是审批周期长，授权速度慢，而且技术方案公布后，如果不能够获得专利权，技术方案的内容就进入到公有领域，任何人可以无偿使用。实质审查制有两种基本形式：保密审查制和公开审查制。

保密审查制是指专利局在授予专利权之前并不会将申请文件公布。优点是专利申请文件一直处于保密状态，如果专利申请不成功的话，申请人还可以将技术作为商业秘密保护，缺点是实质审查需要几年的时间，授权前不公开文件，无法使公众了解申请的技术内容，容易导致重复投资和重复研究，有悖于专利制度及时充分地公开技术资料的立法原意。因此，目前采用保密审查制的国家并不多。

公开审查制是指专利局在审查过程中，在决定授权之前就将申请文件向公众公布，许多国家允许在此期间可以提出异议。优点在于：一是使社会公众尽早得知专利的内容，有利于科学信息的交流，促进他人的再创造；二是使申请人有时间能够对所申请专利进行取舍，以决定是进行实质审查或是提出优先权请求改进专利；三是给社会公众提供了监督专利是否符合授权条件的机会。

实际上，任何一项制度都有利有弊，各个国家应根据各国具体的情况进行制度的选择。

(三) 我国的专利审批制度

我国对实用新型和外观设计专利申请实行形式审查制，对发明专利申请实行“早期公开、延迟审查”的实质审查制。国家知识产权局对发明专利申请进行形式审查，经审查合格后自申请日起满十八个月即向社会公布，由申请人提出或由审查员依职权进行实质审查。

特殊地，对于申请专利的技术方案的内容涉及国防利益的发明专利，实行国防专利审批制度，且仅公布国防专利的申请日、授权日和专利号；对于涉及国家安全和利益的需要保密的发明或实用新型专利实行保密专利审批制度，且仅公布保密专利的申请日、授权日和专利号。

二、发明专利的审批

发明专利的审批流程：受理申请→初步审查→公布申请(一般自申请日起十八个月)→实质审查(一般自申请日起三年内)→授权公告。

(一) 受理申请

国家知识产权局收到发明专利申请的请求书、说明书(有附图的应当包括附图)和权利要求书后，发出受理通知书，确定专利申请日，给予专利申请号。对于缺乏申请文件或有其他违反法律要求的，国家知识产权局不予受理，或要求其在指定日期内补交或补正。

(二) 初步审查

国家知识产权局收到申请文件后，首先进行初步审查，主要是审查申请文件是否齐备、格式和撰写内容是否符合要求、费用是否缴纳等形式审查。初审不合格的，国家知识产权局发出通知，要求申请人进行补正或陈述意见，如果仍然不符合专利法要求，予以驳回。

(三) 公布申请

初审合格后，自申请日起满十八个月，在《发明专利公报》上公布。申请人如果希望提前公布，可以填写《提前公开申请书》，要求早日公布其申请，国家知识产权局在初审合格后，立即予以公布。自发明专利申请公布之日起至公告授予专利权之日前，为了及时监督和发现不符合法定授权条件的发明专利申请被授权，任何人可以对不符合专利法规定的专利申请，向国家知识产权局提出意见，并说明理由。

(四) 实质审查

发明专利申请自申请日起三年内，国家知识产权局可以根据申请人随时提出的请求，或者由审查员依职权对其申请进行实质审查。实质审查对发明创造的技术方案是否构成专利法意义上的发明，是否属于不受专利法保护的对象，是否符合单一性要求，是否具备新颖性、创造性和实用性，以及说明书是否充分公开，权利要求书是否清楚、简要、得到说明书支持等进行审查。对于实质审查中发现的问题，申请人可以进行修改或陈述意见。如果申请人在三年之内没有提出实质审查请求，该申请被视为撤回。

(五) 授权公告

《专利法》第三十九条规定“发明专利申请经实质审查没有发现驳回理由的，由国务院专利行政部门作出授予发明专利权的决定，发给发明专利证书，同时予以登记和公告。发明专利权自公告之日起生效”。

三、实用新型和外观设计专利的审批

实用新型和外观设计专利的审批流程：受理申请→初步审查→授权公告。

上述流程中每个环节都和发明专利审批相似，与发明专利审批的区别之处在于不经过实质审查。《专利法》第四十条规定“实用新型和外观设计专利申请经初步审查没有发现驳回理由的，由国务院专利行政部门作出授予实用新型专利权或者外观设计专利权的决定，发给相应的专利证书，同时予以登记和公告。实用新型专利权和外观设计专利权自公告之日起生效”。初步审查主要是审查专利申请文件是否齐备、格式和撰写内容是否符合要求，申请人是否有申请资格，申请的主题是否明显不属于专利保护对象、是否明显不是专利法意义上的实用新型或外观设计、是否明显不具有单一性、是否明显不具备新颖性，以及申请人是否已经缴纳申请费等。

实用新型和外观设计专利对国民经济和技术进步的作用相比发明专利要小得多，采用初步审查制可以加快审批速度。世界上多数国家都不对实用新型和外观设计专利申请进行实质审查，我国也只对实用新型和外观设计专利申请实行初步审查制。

3.4.4　专利的授权

申请人提出的专利申请必须同时符合法定的形式性条件和实质性条件才能被授权。形式性条件是指申请要符合专利法规定的程序和文书要求，如递交符合格式要求的申请书、缴纳申请费等。实质性条件是指对发明创造本身的要求，也称作专利性条件。对于不同的客体，专利法规定了不同的实质性条件。

一、发明专利和实用新型专利授权的实质性条件

国家对发明专利和实用新型专利授权的实质性条件有多方面的规定，主要包括新颖性、创造性和实用性，即“三性”标准。

(一) 新颖性

发明专利和实用新型专利的新颖性要求是相同的。新颖性是指该发明或者实用新型不属于现有技术；也没有任何单位或者个人就同样的发明或者实用新型在申请日以前向国务院专利行政部门提出过申请，并记载在申请日以后公布的专利申请文件或者公告的专利文件中。发明或实用新型具备新颖性，需要同时满足“现有技术”中不存在同样的发明或实用新型，在先申请中不存在“抵触申请”这两个条件。

1. 现有技术

“现有技术”是指申请日(有优先权的指优先权日)以前在国内外为公众所知的技术。但是申请日当天公开的技术内容不属于现有技术。为公众所知是指公开信息处于公众想要

得知就能够得知的状态，同时满足可获得性和可获知性。在专利法上，发明或实用新型一旦被公开，就成为现有技术。公开的形式通常有以下三种。

(1) 书面公开。

在申请日以前有同样的技术在国内外以书面方式公开发表过，这项发明或实用新型就被认为已经公开，成为现有技术了。书面公开的地域标准是在全世界范围内，无论世界上哪个国家或地区的出版物对技术方案有记载，都会使发明或实用新型丧失新颖性。书面公开的范围非常广，包括书籍、杂志、报纸、宣传册、专利文献、影片和光盘等。通过互联网公开也属于书面公开。另外，对于标有“内部资料”的期刊，如果能被公众任意获得，也被视为书面公开。

(2) 使用公开。

在申请日以前有同样的技术在国内外曾被公开使用过，这项发明或实用新型就被认为已经公开，成为现有技术了。使用公开的地域标准也是在全世界范围内。使用公开的方式包括制造、使用、销售、进口、交换、馈赠、演示和展出等方式。专利法意义上的“使用公开”是指能够导致公众得知实质性技术内容的使用。例如，某人发明了一种清洁高效的汽车发动机，并在某展览会上展示装有这种新型发动机的小汽车。参观者仅仅参观汽车外部是无法了解这种发动机的技术特征的，因此，这种展示并不属于对技术的公开使用。但是，如果参观者中有人向发明人询问发动机的工作原理，而发明人在没有要求听众承担保密义务的情况下，公开讲述了发动机的全部技术特征，就会导致对技术的公开。

(3) 其他方式的公开。

除书面公开和使用公开以外，其他能够使公众得知实质性技术内容的公开方式，也会使发明或者实用新型被公开成为现有技术。主要是口头公开方式，包括交谈、演讲、报告、发言、授课、广播、电视、广告等。

需要注意的是，专利法意义上的“公开”并非是指涉及人数众多或者产品数量巨大，而是指技术方案脱离了秘密状态，公众有获知的可能性。例如，发明人只将技术内容告诉了一个人，只要这一个人不负有保密义务，那就意味着这项技术已经被公开了。如果即使有很多人都知道该技术内容，但这些人都负有保密义务，那么该技术内容仍处于保密状态下，没有被公开。

2. 抵触申请

抵触申请是指申请日之前，已经有单位或者个人就同样的发明或者实用新型向专利局提出申请，并记载在申请日以后公布的专利申请文件中。出现抵触申请时，在先申请被视为在后申请的现有技术，所以在后申请不具有新颖性。如果在先申请没有公开就中止申请的话，那么不属于抵触申请。抵触申请仅指他人在申请日之前提出的申请，对于他人在申请日当天提出的申请以及申请人本人在申请日之前提出的申请，则不属于抵触申请。

3. 新颖性判断

如果发明或实用新型的专利申请人并未在申请日以前以任何方式公开过其技术方案，使之为公众所知，那么在判断该发明或实用新型是否具有新颖性时，就必须将其与申请日之前的现有技术进行对比，如果两者所在技术领域、所解决的技术问题、技术方案和预期效果在实质上相同，就称该发明或实用新型属于现有技术，没有新颖性，反之，就具有新颖性。

判断新颖性的原则是单独对比原则，就是应当将发明或实用新型专利申请的各项权利要求分别与每一项现有技术或抵触申请的相关技术内容单独进行比较，不能将其与几项现有技术或抵触申请内容的组合、或与一个对比文件中的多项技术方案的组合进行对比。新颖性判断常见的情形有：实质上相同内容的发明或实用新型缺乏新颖性；下位概念的公开破坏上位概念的新颖性；惯用手段的直接置换丧失新颖性；数值与数值范围具体情况分析；包含性能、参数、用途、制备方法等特征的产品权利要求的具体新颖性判断。

4. 宽限期原则

为了鼓励申请人为公共利益目的的申请前公开，在国内外进行技术交流，以及防止因他人失约或者欺诈给申请人造成损害，《专利法》第二十四条规定了以下四种情形之一时，专利申请有六个月的宽限期，即申请专利的发明创造在申请日以前六个月内，有下列情形之一的，不丧失新颖性，称为宽限期原则。

(1) 申请专利的发明创造在国家出现紧急状态或者非常情况时，为公共利益目的首次公开的。

此情形是 2020 年 10 月《专利法》第四次修改时，新增的一种不丧失新颖性的情形。鼓励发明人在国家紧急情况下，为了公共利益目的，在申请专利之前公开发明创造，不论公开方式如何，都可以享受六个月的宽限期。

(2) 申请专利的发明创造在中国政府主办或者承认的国际展览会上首次展出的。

国际展览会，是指展出的展品除了有举办国的产品外，还应当有来自外国的展品。中国政府主办的国际展览会，包括国务院或者国务院各部门主办或者国务院批准由其他机关或者地方政府举办的国际展览会。中国政府承认的国际展览会，是指《国际展览会公约》规定的由国际展览会注册或认可的国际展览会。

(3) 申请专利的发明创造在规定的学术会议或者技术会议上首次发表的。

这里讲的学术会议或者技术会议是指国务院有关主管部门或全国性学术团体组织召开的学术会议或技术会议，不包括省以下，或者受国务院各部委或者全国性学术团体委托，或者以其名义组织召开的学术会议、技术会议。

(4) 申请专利的发明创造是他人未经申请人同意而泄露其内容的。

该情形包括他人未遵守明示或暗示的保密约定或合同，而将发明创造的内容对外公开；也包括他人用威胁、欺诈或者间谍活动等不正当手段，从发明人或申请人那里得知发明创造的内容后造成的公开。

(二) 创造性

对于发明和实用新型，创造性的概念是不同的。发明的创造性是指与现有技术相比，发明具有突出的实质性特点和显著的进步；实用新型的创造性是指与现有技术相比，该实用新型具有实质性特点和进步。两种专利创造性的区别就在于“实质性特点”是否突出以及“进步”是否明显。虽然我国《专利法》关于创造性标准的规定方式与国际上普遍接受的规定方式有所不同，多数国家是利用同领域的普通技术人员的“非显而易见性”来判断一项专利申请的创造性的，但是在实质审查中我国与其他国家专利的创造性审查基准是一致的。国家知识产权局对专利的创造性要求在专利审查实务中，分解为两个彼此独立的创造性条件：一是对所属技术领域的技术人员来说，发明或者实用新型的技术方案，相对于现有技术是非显而易见的，并且具有有益效果；二是发明或者实用新型与现有技术相比，具有预料不到的技术效果，而不仅仅是具有有益的技术效果，此时则不必考虑技术方案是否非显而易见。

发明或实用新型是否具备创造性，应当基于所属技术领域的技术人员的知识和能力进行评价。所属技术领域的技术人员，也可称本领域的技术人员，是指一种假设的“人”，假设他知晓申请日或优先权日之前所属技术领域的所有普通技术知识，能够获知该领域中所有的现有技术，并且具有应用该日期之前常规实验手段的能力，以及具有根据启示将现有技术结合在一起的能力，但他不具有创造能力。如果所要解决的技术问题，能够促使本领域的技术人员从其他技术领域寻找技术手段，那么他也应具有从其他技术领域中获知该申请日或优先权日之前的相关技术、普通技术知识和常规实验手段的能力。

1. 发明的创造性

对于发明而言，“突出的实质性特点”是指发明与现有技术相比是非显而易见的。如果发明是本领域人员在现有技术的基础上仅仅通过合乎逻辑的分析、推理或者有限的试验就可以得到的，那么该发明是显而易见的，也就不具备突出的实质性特点。发明有“显著的进步”，是指发明与现有技术相比能够产生有益的技术效果。例如，发明克服了现有技术中存在的缺点和不足，或者为解决某一技术问题提供了一种不同构思的技术方案，或者代表某种新的技术发展趋势等。

2. 实用新型的创造性

实用新型的创造性标准比发明要低，只要与现有技术相比有所区别(就认为具有实质性特点)并具有进步，即认为实用新型满足了创造性要求。

(三) 实用性

实用性是指该发明或者实用新型能够在产业中制造或者使用，并且能够产生积极效果。如果技术方案不能被投入到实际应用并解决实际问题，那么对这个技术方案的保护就没有了实际意义。因此，在进行新颖性和创造性审查之前会先审查实用性，如果申请的主题不具备实用性，就无须再审查新颖性和创造性了。一般来说，具备下列三个条件即认为具有实用性。

1. 产业实用性

产业实用性是指发明或者实用新型能够在产业中制造或使用，例如纯手工技艺，如果不具有产业可应用性，则是不具有实用性的。产业包括农业、矿业、林业、水产业、运输业、交通业等各个行业。“能够在产业中制造或使用”是指按照申请日时公知公认的科学理论和自然规律判断，另外，具有在产业中应用的可能性，并不要求已经具体实施。

2. 重复再现性

重复再现性是指本领域技术人员根据发明或实用新型的申请文件中公开的内容，能够稳定地重复实现专利的技术方案，并达到相同的实施结果。例如，偶然烧制出的陶瓷物品不具有重复再造性，因此也就不具有实用性。

3. 效果有益性

效果有益性是指发明或实用新型实施后应能产生积极效果。这里指的是整体效果，包括社会、经济和技术效果。明显无益、脱离社会需要、严重影响自然环境、严重浪费资源，或者损害人身健康的发明创造不具备实用性。例如，在自然河道中洗矿的方法严重污染了环境，此方法是不具有实用性的。

二、外观设计专利授权的实质性条件

外观设计专利授权的实质性条件也有多方面的规定，主要包括新颖性、区别性和不与他人在先合法权利相冲突。不同于发明和实用新型的判断主体——所属技术领域的技术人员，外观设计的判断主体是一般消费者。

(一) 新颖性

授予专利权的外观设计，应当不属于现有设计；也没有任何单位或者个人就同样的外观设计，在申请日以前向国家知识产权局提出过申请，并记载在申请日以后公告的专利文件中。也就是说，外观设计的新颖性需要同时满足不属于“现有设计”和在先申请中不存在“抵触申请”这两个条件。

不属于“现有设计”是指在现有设计中，没有与之相同或实质相同的外观设计。现有设计，是指申请日以前在国内外为公众所知的设计。这意味着与申请日之前，已经在国内外公开发表过、使用过或以其他方式为公众所知的外观设计相同或实质相同的设计，是不具有新颖性的。现有设计的范畴包含外观设计，以及其他设计特征或要素，如商标、装潢、美术作品等。由于外观设计专利申请时保护范围仅基于相同或相近种类的产品与它相适应，因此判断新颖性时对比的范围仅限于相同或相近种类的产品。只有产品相同，设计也相同才称为相同的外观设计。如果在申请日之前，他人在既不相同也不相近种类的产品上公开过相同的外观设计，并不影响其新颖性。比如，申请人在面包等食品产品类别上申请外观设计，与他人在文具产品类别上的现有设计相同或实质相同，并不影响新颖性。

外观设计同样存在抵触申请问题，如果已有同样的外观设计在申请日以前向国家知识产权局提出过专利申请，并记载在申请日以后公告的专利文件中，那么该外观设计被认为没有新颖性。

(二) 区别性

区别性是指授予专利权的外观设计，与现有设计或者现有设计特征的组合相比，应当具有明显区别。一般地，不具有明显区别是指以下几种情形。

(1) 授权外观设计与相同或者相近种类产品的现有设计相比，不具有明显区别。

(2) 授权外观设计是由现有设计转用得到的，二者的设计特征相同，或者仅有细微差别，且该具体的转用手法在相同或者相近种类产品的现有设计中存在启示。例如，模仿自然物、自然景象，以及将无产品载体的单纯形状、图案、色彩或其结合应用到产品的外观设计中属于转用。

(3) 授权外观设计是由现有设计组合得到的，二者的设计特征相同或者仅有细微差别，且该具体的组合手法在相同或者相近种类产品的现有设计中存在启示。例如，以一项设计或设计特征为单元，重复排列得到的外观设计属于组合。

(4) 上述转用或组合后产生的独特视觉效果除外。独特视觉效果是指授权外观设计相对于现有设计产生了预料不到的视觉效果。

(三) 不与他人在先合法权利相冲突

在先合法权利必须是在专利申请的申请日前已经取得并且仍然有效的权利。在先合法权利主要包括商标权、著作权、企业名称权、肖像权、知名商品特有包装或装潢使用权。例如，外观设计申请人要把一件美术作品申请为某产品的外观设计，这件美术作品的著作权对该外观设计而言，就是在先合法权利，如果未经著作权人许可而使用该美术作品申请外观设计专利权，该外观设计专利与他人在先合法权利相冲突，因此是不能获得授权的。

3.5 专利权的内容

专利权的内容即专利法为专利权人规定的各项专有权利。但是，专利权是禁止权而非自用权，享有专利权并不意味着专利权人可以自由地实施专利。例如，一种新型炸药只要符合专利授权的条件就可以获得专利权，但专利权人并不能自行制造和销售炸药。又如，一种新药获得了专利权，但专利权人同样不能自行制造和销售，必须完成一系列的试验和报批手续，获得销售许可等。享有专利权意味着专利权人有权阻止他人未经许可而实施专利。

专利权人的权利包含两类：一类是基本权利，即占有、使用、收益和处分其发明创造的独占权，包括制造权、使用权、许诺销售权、销售权和进口权；另一类是附属权利，包括转让权、许可权、标记权、放弃权和质押权。

3.5.1 专利权的基本权利内容

《专利法》第十一条规定“发明和实用新型专利权被授予后，除本法另有规定的以外，任何单位或者个人未经专利权人许可，都不得实施其专利，即不得为生产经营目的制造、使用、许诺销售、销售、进口其专利产品，或者使用其专利方法以及使用、许诺销售、销售、进口依照该专利方法直接获得的产品。外观设计专利权被授予后，任何单位或者个人未经专利权人许可，都不得实施其专利，即不得为生产经营目的制造、许诺销售、销售、进口其外观设计专利产品”。根据上述法条，专利权可以被划分为产品专利、方法专利和外观设计专利。产品专利的保护对象是产品，方法专利的保护对象是方法，外观设计专利的保护对象是外观设计。发明专利可以是产品专利或方法专利，实用新型专利只能是产品专利。

一、产品专利的权利内容

(一) 制造权

制造权是指专利权人有生产制造专利产品的权利，他人未经许可且以生产经营为目的的制造则侵权。如果他人未经专利权人许可，以生产经营为目的制造了该专利产品，无论使用什么设备装置或者方法，制造的数量的多少，该产品有没有被销售，只要与专利产品相同，制造行为就是侵犯专利权的。制造相似的产品，如果其技术特征落入了专利权利要求书的保护范围，也构成侵权。

(二) 使用权

使用权是指专利权人有使用专利产品的权利，他人未经许可且以生产经营为目的的使用则构成侵权。使用专利产品的目的有多种，可能是用于生产、制造、消费。专利权人自己制造或者许可他人制造的产品首次售出后，他人再使用的不视为侵权，叫作首次销售“权利用尽”。虽然专利法规定了为生产经营目的使用不知道是未经专利权人许可而制造并售出的专利侵权产品，能证明该产品合法来源的可以不承担赔偿责任，但是该使用行为还是侵权的。例如，某空调厂生产了侵犯他人专利权的空调产品并销售，某公司购买了该产品并安装使用，无论该公司是否知道该空调产品侵犯专利权，使用行为仍然构成侵权。但如果能证明空调产品来源的合法性，就可以不承担赔偿责任。

(三) 许诺销售权

许诺销售权是根据《TRIPS 协议》的规定在 2000 年《专利法》第二次修订时新增的权利内容。根据最高人民法院的司法解释，许诺销售的含义是指以做广告、在商店橱窗中陈列或者在展销会上展出等方式作出销售商品的意思表示。即使没有实际的销售行为，而仅是为了销售专利产品进行广告宣传或产品展示，仍然构成侵权行为。

(四) 销售权

销售权是指专利权人有销售专利产品的权利，他人未经许可且以生产经营为目的的销售则侵权。和使用权的“权利用尽”情况类似，销售权也同样如此，专利权人自己制造，或许可他人制造的产品首次售出后，他人再销售的不视为侵权。

(五) 进口权

进口权是指专利权人有进口专利产品的权利，他人未经许可且以生产经营为目的的进口则侵权，即专利权人不一定要在专利的授权国制造销售该专利产品，专利权人可以在国外制造产品后，通过进口到专利授权国家来获取专利利益。在国际贸易全球化的时代，进口权对于在国外已经有成熟产品的专利权人，是非常有利的。

二、方法专利的权利内容

(一) 使用权

方法专利与产品专利不同，是一种实现某种技术效果的方法。使用该方法的专有权是专利权人的首要权利，他人未经许可以生产经营为目的使用专利方法即为侵权。例如，某人发明了一种新的合成化合物的方法并获得该方法的专利权，如果某化工厂未经许可使用该方法生产销售了该化合物，就构成侵权。如果该化合物是新化学物质但没申请专利权，他人使用其他方法合成相同化合物则不构成侵权。

(二) 对方法专利的延伸保护

在上述中，如果化工厂未经许可使用专利方法生产销售该化合物，显然化工厂侵犯了方法专利权，那么购买者为生产经营目的使用、销售、许诺销售该化合物的行为是否侵权呢？如果该化工厂未经许可以专利方法合成化合物的行为发生在国外，那么进口该化合物是否构成侵权？

如果上述行为不侵权的话，对方法专利的保护在很大程度上就失去了意义。方法专利的保护对象虽然是方法，但使用专利方法的结果往往会产生某种特定产品。如果方法专利权人只能阻止对专利方法的擅自使用，而无法阻止由此形成的产品的使用、进口、销售和许诺销售，对方法专利的保护是极其不利的。因此，专利法对方法专利的保护从方法延伸到了产品。《专利法》第十一条第一款规定了对于方法专利“任何单位或者个人未经专利权人许可，都不得实施其专利，即不得为生产经营目的制造、使用、许诺销售、销售、进口其专利产品，专利方法以及使用、许诺销售、销售、进口依照该专利方法直接获得的产品”。例如，有人以一种新的生物工程技术获得了某种疫苗的方法专利权，他人不仅不能未经许可以生产经营为目的使用该方法制造该种疫苗，也不得未经许可以生产经营为目的使用、许诺销售、销售、进口依该专利方法直接获得的疫苗产品。

三、外观设计专利权的权利内容

《专利法》第十一条第二款规定了“外观设计专利权被授予后，任何单位或者个人未经专利权人许可，都不得实施其专利，即不得为生产经营目的制造、许诺销售、销售、进口其外观设计专利产品”。外观设计专利权的内容包括制造权、许诺销售权、销售权和进口权，不包括使用权。因此使用未经许可制造、销售或进口的外观设计专利产品是不侵权的。例如，某灯具工厂对其设计的吊灯申请了外观设计专利权，他人未经许可仿制该吊灯属于侵权行为，但某酒店在酒店房间使用了仿制的吊灯，是不侵犯外观设计专利权的。

3.5.2 专利权的附属权利内容

专利权的附属权利包括转让权、许可权、标记权、放弃权和质押权。

一、转让权

转让包括专利申请的转让和专利权的转让，转让行为使权利主体发生了变更，使专利权从原所有人转移到新所有人。转让专利申请权或者专利权的，当事人应当订立书面合同，并向国家知识产权局登记，由国家知识产权局公告。专利申请权或者专利权的转让自登记之日起生效。专利法所称的“转让”是指商业性的转让，不包括因赠予、继承和司法判决等事由发生的权利转移。中国单位或者个人向外国人、外国企业或者外国其他组织转让专利申请权或者专利权的，对于涉及自由类技术和涉及限制类技术，应当分别依照有关法律、行政法规的规定办理相关手续。涉及禁止类技术不允许进行转让。

二、许可权

许可是指专利权人通过签订合同的方式允许其他人在一定条件下实施其专利权的全部或者部分内容。专利权人是许可人，其他人是被许可人。多数情况下，专利权人不愿或不能自己实施专利时，可以通过许可他人实施来获得收益。通常为有偿许可，法律也允许无偿许可、交叉许可。可以采取独占许可、排他许可和普通许可等多种形式实施。法律禁止或限制实施的技术，是不得任意许可的。任何单位或者个人实施他人专利的，应当与专利权人订立书面实施许可合同，向专利权人支付专利许可费。被许可人无权允许合同规定以外的任何单位或者个人实施该专利。为了推动专利的转化和实施，《专利法》第三次修改时，确认了共有专利权可以采用的实施方式：专利申请权或者专利权的共有人对权利的行使有约定的，从其约定；没有约定的，共有人可以单独实施或者以普通许可方式许可他人实施该专利，许可他人实施该专利的，收取的使用费还应当在所有共有人之间分配。

《专利法》第四次修改时，规定了开放许可的实施方式：专利权人自愿以书面方式向国务院专利行政部门声明愿意许可任何单位或者个人实施其专利，并明确许可使用费支付方式、标准的，由国务院专利行政部门予以公告，实行开放许可。就实用新型、外观设计专利提出开放许可声明的，应当提供专利权评价报告。专利权人可以撤回开放许可，并且不影响在先给予的开放许可的效力。

三、标记权

标记权是指专利权人有权在其专利产品或者该产品的包装上标明专利标识的权利。在其专利产品或者该产品的包装上标明专利标识的，应当按照《专利标记和专利号标注方式的规定》这个行政法规来予以标明。标注方式可以是专利权类型的中文表述、完整的专利号或其他文字或图形，但不得误导公众。通过标记可以起到宣传作用，有助于扩大产品的销售，同时也有警示作用，让其他人了解到该产品是受到专利保护的。

四、放弃权

专利权人可以放弃已取得的专利权。有下列情形之一的，专利权在期限届满前终止：没有按照规定缴纳年费的；专利权人以书面声明放弃其专利权的。专利权在期限届满前终止的，由国务院专利行政部门登记和公告。这和《专利法实施细则》所述的“申请人办理登记手续时，……期满未缴纳费用的，视为未办理登记手续”是有区别的。前者是放弃专利权，后者是放弃取得专利的权利。放弃权应当由全体专利权人提出，只有部分专利权人签章的视为未提出。行使放弃权应当放弃一件专利的所有权利要求，仅声明放弃部分权利要求的视为未提出。对他人提出的恶意放弃是可以撤销的。

五、质押权

质押权是指专利权人可以以专利权出质，以专利权出质的，出质人和质权人应当订立书面合同，向国家知识产权局办理出质登记，质权自国家知识产权局登记时设立。专利权出质后，出质人不得转让或者许可他人使用，但经出质人和质权人协商同意的除外。出质人转让专利权或许可他人实施专利所得的收益，应当向质权人提前清偿债务或者提存。

3.6 专利权的限制

专利权是法定的垄断权，法律保护专利权是为了激励发明创造、刺激技术创新，不仅如此，专利法的立法宗旨还包括推动发明创造的应用，促进科学技术发展和社会全面进步。完善的专利制度要兼顾专利权人、专利技术实施人和社会公众的利益，平衡三者的关系，防止专利权人滥用权力，将公众所付出的代价控制在合理范围内，使专利制度发挥最佳社会效益。本节内容是关于专利法对于专利权的限制：一类是专利的强制许可，另一类是不视为侵犯专利权的行为。

3.6.1 专利的强制许可

强制许可是指为了防止专利权人滥用专利权阻碍技术进步和损害公共利益，国家专利行政部门可以根据申请而给予实施专利的许可。强制许可不同于《著作权法》中的法定许可，法定许可是根据法律的规定直接给予符合法定条件者的许可，无须经过国家行政主管部门的审查和批准，而强制许可由符合条件者提出申请，经国家专利行政部门审查，批准之后给予。我国《专利法》规定了以下几种强制许可。

一、专利权人不实施或者构成限制竞争的强制许可

《专利法》第五十三条规定“有下列情形之一的，国务院专利行政部门根据具备实施条件的单位或者个人的申请，可以给予实施发明专利或者实用新型专利的强制许可：(一) 专利权人自专利权被授予之日起满三年，且自提出专利申请之日起满四年，无正当理由未实施或者未充分实施其专利的；(二) 专利权人行使专利权的行为被依法认定为垄断行为，为消除或者减少该行为对竞争产生的不利影响的”。“未充分实施其专利”是指

专利权人及其被许可人实施其专利的方式或者规模不能满足国内对专利产品或者专利方法的需求。国家授予发明创造人以专利权，一方面是为了激励更多更好的发明创造的产生，另一方面是通过实施专利给社会带来利益。如果专利权人不实施专利，那么社会无法从该项专利中获益，这种情况被认为是专利权人构成了对专利权的滥用，国家可以给予相关专利的强制许可。

专利权本质上是一种垄断权，专利权人可以阻止他人未经许可以生产经营为目的实施受专利保护的技术，但是如果专利权人滥用权利限制竞争，就可能损害社会公共利益。比方说，如果一项专利技术被标准组织纳入技术标准，则该行业的生产经营者都必须使用该项专利技术，这时候如果专利权人拒绝授权或者索要远高于市场标准的许可费，就会剥夺其他生产经营者遵守技术标准，与专利权人公平竞争的机会，专利权人滥用知识产权，排除、限制竞争的行为就会被认定为为垄断行为，国务院专利行政部门可以据此颁发强制许可。

二、公共利益需要的强制许可

《专利法》第五十四条规定：“在国家出现紧急状态或者非常情况时，或者为了公共利益的目的，国务院专利行政部门可以给予实施发明专利或者实用新型专利的强制许可。”这是一种特殊的强制许可，没有时间限制和其他附属条件。

当国家出现外敌入侵、恐怖袭击等严重危害国家安全和社会安定的紧急状态，或重大自然灾害、重大传染疾病等严重影响人民生活的非常情况时，国家和社会的利益高于专利权人的权利，此时可以实施对发明或者实用新型专利的强制许可。例如，专利权人拥有一种能够有效抑制重大传染疫病的药品专利，却不愿在国内制造或许可他人制造该药品，这显然损害公共利益，此时国务院专利行政部门可以给予实施该专利的强制许可。

《专利法》第五十七条还规定了强制许可涉及的发明创造为半导体技术的，其实施限于公共利益的目的和为消除或者减少垄断行为对竞争产生的不利影响，因此，半导体技术的专利权人在法定期限内无正当理由未实施或未充分实施专利的，不构成强制许可理由。

三、制造并出口药品专利的强制许可

《专利法》第五十五条规定：“为了公共健康目的，对取得专利权的药品，国务院专利行政部门可以给予制造并将其出口到符合中华人民共和国参加的有关国际条约规定的国家或者地区的强制许可。”对于其中“药品”的范畴，我国2010年修订的《专利法实施细则》中明确规定，依强制许可取得专利权许可的药品，是指解决公共健康问题所需的医药领域中的任何专利产品或者依照专利方法直接获得的产品，包括获得专利权的制造该产品所需的活性成分以及使用该产品所需的诊断用品。

药品专利的强制许可源于 WTO 组织在 2001 年通过的《关于 TRIPS 与公共健康的多哈宣言》的规定：发展中成员国和最不发达成员国因艾滋病、疟疾、肺结核及其他流行性疾病而发生公共健康危机时，可以在未经专利权人许可的情况下，在其内部通过实施专利强制许可制度，制造、使用和销售有关治疗导致公共健康危机疾病的药品。例如，非洲某一不发达国家暴发了疟疾疫情，由于该国没有能力自行生产能够抑制疟疾的专利药品，因此通过外交渠道希望从中国进口这种专利药品；国务院卫生部门可以请求国务院专利行政部门给予强制许可，允许被许可人制造这种专利药品并出口到该非洲国家。

四、实施从属专利的强制许可

《专利法》第五十六条规定"一项取得专利权的发明或者实用新型比前一已经取得专利权的发明或者实用新型具有显著经济意义的重大技术进步，其实施又有赖于前一发明或者实用新型的实施的，国务院专利行政部门根据后一专利权人的申请，可以给予实施前一发明或者实用新型的强制许可。在依照前款规定给予实施强制许可的情形下，国务院专利行政部门根据前一专利权人的申请，也可以给予实施后一发明或者实用新型的强制许可"。许多取得专利权的发明创造属于改进发明，也就是在原有发明创造的基础上进行改进，从而获得新的发明创造成果。如果原有发明创造本身也获得了专利权并在保护期内，那么改进发明获得专利权后，其实施有赖于原有发明创造专利权人的许可；如果改进发明的专利权人未经许可实施原有发明专利，则会构成侵权。该改进发明专利被称为"从属专利"。

例如，甲是一种 LED 灯管的专利权人，乙通过在甲发明的 LED 灯管上改进的技术方案，达到将原来灯管的使用寿命极大延长的技术效果。乙的发明属于改进发明，由此获得的专利是从属于甲的专利的从属专利，LED 灯管的使用寿命极大延长，是具有显著经济意义的重大技术进步。但是，甲的专利权尚在保护期内，乙的专利是在甲的专利基础上完成的，包含了甲发明的 LED 灯管的技术特征，因此，乙的发明的实施有赖于甲的许可。如果甲为了阻止竞争对手乙销售其新产品，而拒绝许可乙使用自己的专利，那么不仅乙不能制造并销售更为先进的新产品，公众也无法享受到技术进步带来的好处，从而损害了公众利益。因此，在上述情况下，专利法规定乙可以向国家知识产权局申请实施甲专利的强制许可，如果乙获得了强制许可，则甲也可以申请获得乙专利的强制许可。

专利法还规定了，除依照《专利法》第五十三条第二项、第五十五条规定给予的强制许可外，强制许可的实施应当主要是为了供应国内市场。取得实施强制许可的单位或者个人应当付给专利权人合理的使用费，或者依照中华人民共和国参加的有关国际条约的规定，处理使用费问题。付给使用费的，具体数额由双方协商；双方不能达成协议的，由国务院专利行政部门裁决。取得实施强制许可的单位或者个人，不享有独占的实施权，并且无权允许他人实施。专利权人对国务院专利行政部门关于实施强制许可的决定不服的，以及专利权人和取得实施强制许可的单位或者个人对国务院专利行政部门关于实施强制许可的使用费的裁决不服的，可以自收到通知之日起三个月内向人民法院起诉。

3.6.2 不视为侵犯专利权的行为

《专利法》第七十五条规定了法律的例外情形，即以下几种情形下未经专利权人许可而实施专利，不视为侵犯专利权的行为。

一、权利用尽

权利用尽也称作权利穷竭，是指《专利法》七十五条第一款规定的，专利权人制造、进口或者经专利权人许可而制造、进口的专利产品或者依照专利方法直接获得的产品售出后，使用、许诺销售、销售、进口该产品的，不视为侵犯专利权。专利权用尽理论的立法依据之一是保护流通，如果每次产品进行流转都必须获得专利权所有者的许可，就会阻碍商品的自由流通，使得专利产品不能顺畅流通，从而影响到专利权人的自身利益；第二个依据是禁止专利权人重复获利，专利权人在自行转让专利产品时，已经取得了专利产品的应有收益，再次获利有违公平性。

在第三次专利法修订时，考虑到我国的产业发展在相当程度上仍然依赖于国外技术和产品及零部件的引进，规定了对专利产品或者依照专利方法直接获得的产品经合法售出后，进口该产品不视为侵犯专利权。例如，发明人在印度和中国都获得了某个产品的专利权。发明人的专利产品在印度的售价比中国低，如果有人在印度购买了经专利权人许可制造和销售的专利产品后，又将其进口到中国销售，这个人的行为是否侵犯了专利权人在中国享有的进口权和销售权？答案是不侵权，因为专利权用尽既包括国内权利用尽，也包括国际权利用尽。

二、先用权

先用权是指《专利法》第七十五条第二款规定的，在专利申请日前已经制造相同产品、使用相同方法或者已经作好制造、使用的必要准备，并且仅在原有范围内继续制造、使用的，不视为侵犯专利权。先用权的立法原意是保护首先实施专利技术的人并保证公平竞争。例如，两个以上的人出于巧合完成了同样的发明创造或者设计，其中一人出于某种原因并没有申请专利，直接开始制造产品、使用该设计方法或进行投资准备加以制造或使用；另一人申请专利权并获得授权，如果对于选择实施的前者因为后者的授权而无法继续进行制造和使用，显然是有失公平的，尤其是前者已经为制造或使用投入了大量资金、厂房、设备和人员等，这样会导致巨大的经济损失和资源浪费，所以法律上规定在原有范围内的继续制造使用不视为侵权。

需要注意的是，所有在申请日前发生的行为必须没有导致专利申请内容的公开，否则直接破坏该专利申请的新颖性；“原有范围”通常是指专利申请日(包括优先权日)之前所具备的生产能力，而不是指侵权纠纷发生时的生产量；主张先用权的人获得专利技术内容的途径必须是合法的，可以是直接或间接从专利权人处获得的，也可以是从另一个独立发明人处合法获得的。

三、临时过境外国交通工具

临时过境外国交通工具是指《专利法》第七十五条第三款规定的，临时通过中国领陆、领水、领空的外国运输工具，依照其所属国与中国签订的协议或者共同参加的国际条约，或者依照互惠原则，为运输工具自身需要而在其装置和设备中使用有关专利的，不视为侵犯专利权。临时过境的外国交通工具对专利使用的法之例外情形的立法原意，主要是为了避免影响国际交通运输，而且在实际中这种情况也是难以控制的。设想一下，专利权人怎么对茫茫大海中航行的一艘船，或者天空中飞翔的一架飞机中发生的专利侵权行为进行控制呢？实际的例子是，如果某人享有一种新型汽车发动机的专利权，外国运输公司的汽车上如果安装了未经专利权人许可而制造的这种新型发动机，那么该运输公司以运输经营为目的进入中国境内就构成侵权。

上述例子中不侵权的法定例外情形必须满足以下三个条件。

第一，外国交通工具是临时通过中国领陆、领水或领空，如果所涉及的交通工具是以营业为目的经常性地过境就不适用这条规定。临时通过包括暂时或偶然入境的外国交通工具，意思是除了穿越中国领陆、领水或领空到其他国家的情况外，定期往返于中国和外国之间的交通工具，以及因迷航或船舶失事等意外原因而入境都不构成侵权。

第二，必须是由于交通工具自身需要，而在其装置和设备中使用有关专利产品或方法。例如汽车发动机、飞机起落架或轮船航海仪表盘上对专利的使用。如果超出交通工具本身的需要就会构成侵权。

第三，要求外国交通工具的所属国必须与中国属于共同缔约国或互惠国。

四、专为科学研究和实验目的的使用

专为科学研究和实验目的的使用是指《专利法》第七十五条第四款的规定，专为科学研究和实验而使用专利的，不视为侵犯专利权。本条法律规定的立法原意是为了保证科学研究活动的自由进行。专为科学研究和实验目的的使用，是指将专利产品或方法作为科学研究和实验对象加以使用，例如测试专利产品的性能，评价专利方法的测试效果，以及研究如何改进现有专利产品或方法等。举个例子，有人就一种制造水杯的机器获得了专利权，他人未经许可只为测试目的，使用这种机器制造了一批水杯，由于水杯质量不好，而未上市出售，这种为测试目的的使用机器不构成侵权，但如果制造的水杯在市场上售卖了则构成侵权。

如果科研活动的间接目的或终极目的仍然是为了生产经营，则不适用此情况，如企业研发机构进行的应用研发活动。只有直接针对专利技术内容本身进行的科研活动才适用本款规定，不视为侵犯专利权的行为，为上述科研活动提供帮助的行为也不构成侵犯专利权。利用专利产品或方法作为实验工具或手段的科研活动不适用本款规定，构成了侵犯专利权的行为。例如，对于已经获得专利权的化学试剂，大学实验室或化学制剂公司的研究机构可以为了将该试剂和其他试剂进行比较，而自行制造一些化学试剂来加以分析，不构成侵权。但是，如果该实验室或研究机构制造和使用该试剂的目的，是用它合成其他化学物质，或作为日常实验材料使用，仍需要经过专利权人许可，或购买经过专利权人授权制造和销售的该化学制剂，否则仍然构成侵权。

另外，不是为生产经营目的的基础科学研究本来就不构成侵权行为，因而无需适用本款规定。

五、为行政审批目的实施专利药品或医疗器械

为行政审批目的实施专利药品或医疗器械是指《专利法》第七十五条第五款的规定，为提供行政审批所需要的信息，制造、使用、进口专利药品或者专利医疗器械的，以及专门为其制造、进口专利药品或者专利医疗器械的，不视为侵犯专利权。该规则借鉴了美国的 Bolar 豁免规则，也称作“Bolar 例外”。本条法律规定的立法原意，是防止专利药品或者专利医疗器械保护期变相延长，以及保障公众的健康权、享受医疗权不被侵害。

药品专利权和医疗器械专利权过保护期后，任何人都可以自由地仿造相同的药品和医疗器械，而且由于不再需要支付专利许可费，仿造药品和医疗器械的价格会比较低廉，但法律对于这两种产品的上市有严格的条件限制，必须经过一系列的实验(如药品的动物实验、一期和二期人体实验等)等，并向主管部门提交相关信息，待主管部门批准上市后才可以销售。如果等到专利权保护期满后才实验，由于实验和审批时间较长，公众无法在专利期满后，立即享受到廉价而同质的药品或医疗器械，实质上变相延长了保护期，但如果提前制造专利药品或医疗器械进行实验，就会侵犯专利权。鉴于此，《专利法》第三次修订时，明确了为行政审批目的实施专利药品或医疗器械的行为，不视为侵犯专利权。

六、使用现有技术或现有设计的行为

《专利法》规定，任何申请日之前在国内外为公众所知的技术和设计，也就是现有技

术和现有设计，都不能授予专利权。但是在发明的实质审查过程中，审查员不可能穷尽地检索到所有现有技术，对于通过使用公开和其他方式公开的技术，审查员更是难以知晓，而且实用新型和外观设计专利申请不需要经过实质审查，因此可能出现现有技术和现有设计被错误地授权的情况。

为此，《专利法》第六十七条规定“在专利侵权纠纷中，被控侵权人有证据证明其实施的技术或者设计属于现有技术或者现有设计的，不构成侵犯专利权”。即允许被控侵权人在专利侵权纠纷中，以其实施的技术或设计属于现有技术或现有设计作为抗辩理由。如果被控侵权人有证据证明，其实施的技术或设计在相关专利的申请日之前，就已经是国内外为公众所知的技术或设计，或者是与之无实质性差异的技术或设计，就可以直接以此作为侵权的抗辩理由，而不须请求宣告专利权无效，法官可以直接作出不侵权的判决。如果涉案专利权被请求宣告无效，仍然依照规定程序；但需注意现有技术或现有设计抗辩不能构成独立诉权。

3.7 专利权的保护

专利权的保护涉及的内容主要有专利权的保护期限、专利权的保护范围和专利侵权行为。

一、专利权的保护期限

专利权的保护期是指专利权人享有权利的合法期限。规定合理的保护期，一方面可以鼓励发明人发明创造的积极性，促进科学技术水平的迅速提高，另一方面可以保证专利权人尽可能多地收回在研制发明创造过程中的投资，取得相应的经济效益。

世界上多数国家规定发明专利的保护期限为十四至二十年，实用新型和外观设计专利保护期相对较短。1984 年我国《专利法》颁布时，规定发明专利的保护期是十五年，实用新型和外观设计专利的保护期是五年，期满后可以续展五年。考虑到有些发明创造研究开发的时间长、投资高，从授权到投放市场需要花费大量的时间和费用，对这些发明来说，十五年的时间太短，专利权人没有足够的时间收回研究开发所耗费的资金，将不利于调动这些技术领域发明创造的积极性，因此，在 1992 年《专利法》第一次修订时规定了发明专利权的期限为二十年，实用新型和外观设计专利权的期限为 10 年，均自申请日起计算。

2020 年《专利法》第四次修订时规定了发明专利权的期限为二十年，实用新型专利权的期限为十年，外观设计专利权的期限为十五年，均自申请日起计算。特殊地，自发明专利申请日起满四年，且自实质审查请求之日起满三年后授予发明专利权的，国务院专利行政部门可以应专利权人的请求，就发明专利在授权过程中的不合理延迟给予专利权期限补偿，但由申请人引起的不合理延迟除外。另外，为补偿新药上市审评审批占用的时间，对在中国获得上市许可的新药相关发明专利，国务院专利行政部门应专利权人的请求给予专利权期限补偿；补偿期限不超过五年，新药批准上市后总有效专利权期限不超过十四年。

二、专利权的保护范围

专利权的保护范围是指专利权法律效力所涉及的发明创造的范围。《专利法》第六十四条第一款规定："发明或者实用新型专利权的保护范围以其权利要求的内容为准，说明书及附图可以用于解释权利要求的内容。"这就是说，权利要求是确定发明或者实用新型专利权保护范围的直接依据，说明书和附图可以用来解释权利要求的内容。一项技术特征如果在权利要求中叙述不清，可以通过说明书和附图进一步说明，必要时可以依说明书和附图公开的内容去修改，但是权利要求书中没有记载的技术特征，不能受到法律保护，说明书和附图本身不能确定专利保护的范围。例如，某产品专利的权利要求书中记载的技术特征为A + B + C，而在说明书以及附图中，为了清楚、完整地描述专利技术方案，使本领域技术人员能够理解和实施该专利，专利申请人附上了一个具体实施例子，从中可以看到该产品的技术特征为A + B + C + D。由于说明书及附图中的实施例子只有解释权利要求的作用，不能用于限制专利权的保护范围，所以该专利的保护范围仍是由权利要求的内容所确定，也就是技术特征是A + B + C。

《专利法》第六十四条第二款规定"外观设计专利权的保护范围以表示在图片或者照片中的该产品的外观设计为准，简要说明可以用于解释图片或者照片所表示的该产品的外观设计"。那么外观设计专利文件没有权利要求书和说明书，只有表明该外观设计的图片和照片。外观设计专利保护的范围是根据申请人在递交的外观设计图片或照片上记载的内容、模型、样品所确定的，并仅限制在指定的产品类别上。照片和图片仅用于说明产品的外观，如果涉及产品的内部结构或者内部装置，就不属于外观设计专利保护的范围。例如汽车的外观设计不包括透过车窗玻璃能看到的方向盘、座椅等内部设施。

三、专利侵权行为

(一) 专利侵权行为的判定

专利侵权行为是指未经专利权人许可实施其专利的行为。在实务中判定是否存在专利法意义上的专利侵权行为要看是否同时满足以下几点。

1. 存在有效的专利权

构成专利侵权行为的前提是被侵权的专利是实际有效存在的专利权。实施已经被宣告无效、被放弃的专利或者专利保护期限届满的技术，不构成专利侵权行为。

2. 发生了法定的侵害行为

法定的侵害行为是指《专利法》第十一条中规定的，未经权利人许可实施其专利的行为。对于产品专利的实施是指制造、使用、许诺销售、销售、进口专利产品；对于方法专利的实施是指使用其专利方法以及使用、许诺销售、销售、进口依照该专利方法直接获得的产品；对于外观设计专利实施是指制造、许诺销售、销售、进口该外观设计专利产品。

3. 所发生的侵害行为具有违法性

所发生的侵害行为具有违法性是指排除《专利法》第七十五条中规定的不视为侵犯专利权的行为，包括权利用尽、先用权、临时过境外国交通工具、专为科学研究和实验目的的使用、为行政审批目的实施专利药品或医疗器械、使用现有技术或现有设计的行为。即排除法之例外的这几种情形。

4. 侵害行为人以生产经营为目的

侵害行为人实施的专利侵权行为必须是以生产经营为目的，如果是自用则不涉及侵权。例如，一位工程师仿照市场上销售的专利滑板车的构造，如果自行制造的滑板车是给自己使用，则不构成侵权。

5. 行为人未经专利权人许可

行为人的侵害行为必须是未经专利权人许可而实施专利的行为，这里的许可包括明示或默示、口头或书面。

6. 行为人主观上有过错

实施侵权行为的行为人必须是主观上有过错。《专利法》第七十七条规定“为生产经营目的使用、许诺销售或者销售不知道是未经专利权人许可而制造并售出的专利侵权产品，能证明该产品合法来源的，不承担赔偿责任”。上述行为构成侵犯专利权的行为，但属于非故意侵权。能证明其产品合法来源的，不承担赔偿责任。但是仍然需要停止侵权行为，向专利权人赔礼道歉，弥补对其名誉/商誉所造成的损失。

7. 行为人实施的技术/设计方案落入专利权保护范围

行为人实施的技术方案或设计方案落入专利权保护范围对于发明或实用新型专利是指：一种产品或方法包含了专利权利要求记载的全部技术特征，该产品或方法才属于落入了专利权保护范围。例如，一种产品专利的权利要求书记载的技术特征为A+B+C，被诉侵权产品的技术特征为A+B+C+D，则构成侵权，而对于技术特征为A+B或者A+C+D的产品则不构成侵权。对于外观设计专利是指：在与外观设计专利产品相同或者相近种类产品上，采用与授权外观设计相同或者近似的外观设计的，认定该设计落入外观设计专利权的保护范围。例如，一种获得外观设计专利权的动物造型的橡皮，被诉侵权产品是一种饼干，由于饼干和橡皮不属于相同或者相近种类产品，因此不构成侵权。

上述 7 个要点是认定侵犯专利权行为成立的充要条件，缺一不可。

(二) 专利侵权的法律责任

按照目前的法律规定，对于单纯的侵犯专利权行为没有行政责任和刑事责任的处罚，侵权人需要承担的是民事责任。民事责任的主要内容有停止侵权行为、赔偿损失(非故意侵权可以依法免除赔偿责任)以及恢复专利权人的名誉。其中，赔偿损失的内容如下所述：

(1) 侵犯专利权的赔偿数额按照权利人因被侵权所受到的实际损失或者侵权人因侵权所获得的利益确定；

(2) 权利人的损失或者侵权人获得的利益难以确定的，参照该专利许可使用费的倍数合理确定；

(3) 对故意侵犯专利权，情节严重的，可以在按照上述方法确定数额的一倍以上五倍以下确定赔偿数额；

(4) 权利人的损失、侵权人获得的利益和专利许可使用费难以确定的，人民法院可以根据专利权的类型、侵权行为的性质和情节等因素，确定给予三万元以上五百万元以下的赔偿；

(5) 赔偿数额还应当包括权利人为制止侵权行为所支付的合理开支。

侵犯专利权的诉讼时效为三年，自专利权人或者利害关系人得知或者应当得知侵权行为以及侵权人之日起计算。发明专利申请公布后至专利权授予前使用该发明未支付适当使用费的，专利权人要求支付使用费的诉讼时效为三年，自专利权人知道或者应当知道他人使用其发明之日起计算，但是，专利权人于专利权授予之日前即已知道或者应当知道的，自专利权授予之日起计算。

3.8 专利的复审、无效和终止

专利复审、无效及终止是关于专利权确认和终止专利权的制度。通过本节内容了解专利复审的有关规定，理解专利权无效宣告的理由和法律效力以及导致专利权终止的情形。

一、专利的复审

(一) 专利复审的概念

发明专利申请在初步审查阶段和实质审查阶段，实用新型专利申请和外观设计专利申请在初步审查阶段，如果专利申请被驳回的话，专利申请人应当获得法律救济的机会。《专利法》第四十一条第一款规定，专利申请人对国务院专利行政部门驳回申请的决定不服的，可以自收到通知之日起三个月内向国务院专利行政部门(即国家知识产权局专利局复审和无效审理部)请求复审。对于驳回专利申请的决定，世界上有的国家规定可以直接走司法程序向法院提出诉讼请求，但我国的规定是将复审程序作为向法院起诉的前置条件。

(二) 专利复审的程序

请求复审必须遵循书面原则并按照规定的格式进行。专利申请人向国家知识产权局提交复审请求书，并说明理由，必要时还应当附相关证明材料。国家知识产权局收到复审请求书后，首先进行形式审查，主要是对请求人资格、请求期限、请求书格式等进行审查。完成形式审查以后，国家知识产权局将受理的复审请求书转交原审查部门，进行前置审查。原审查部门根据复审请求人的请求，同意撤销原驳回决定的，国家知识产权局应当据此作出复审决定，并通知复审请求人。如果原审查部门经过前置审查后，坚持原来的驳回决定，国家知识产权局应对复审请求进行审查，并根据新的审查作出决定。国家知识产权局复审后，作出决定，并通知专利申请人。专利请求人在提出复审请求或对国家知识产权局的复审通知书进行答复的时候，可以修改专利申请文件，但仅限于消除驳回决定或者复审通知书指出的缺陷；国家知识产权局进行复审时应针对驳回决定所依据的理由和证据进行审查。

(三) 复审决定的法律效力

复审决定有以下三种类型：

(1) 复审请求的理由不成立，驳回复审请求，维持原驳回决定；

(2) 复审请求理由成立，撤销原驳回决定；

(3) 专利申请文件经复审请求人修改，克服了原驳回决定所指出的缺陷，在新的文本基础上撤销原驳回决定。

对于撤销原驳回决定的专利申请，继续原专利申请的程序，初步审查阶段作出驳回决定的，返回到原来的初步审查阶段进行初审；实质审查阶段作出驳回决定的，返回到原来的实质审查阶段进行实审。对于维持原驳回决定的专利申请，专利申请人对国务院专利行政部门的复审决定不服的，可以自收到通知之日起三个月内向人民法院起诉。

二、专利权的无效宣告

(一) 无效宣告的概念

实用新型和外观设计专利由于不经过实质审查，有可能不符合专利实质性条件而获得授权，发明专利即使经过实质审查也不可避免地有错误授权的可能性。在专利授权后，应当给予社会公众监督专利是否授权不当的权利，以及申请宣告专利权无效的合理机会，因此，专利制度中设置了无效宣告程序。《专利法》第四十五条规定：“自国务院专利行政部门公告授予专利权之日起，任何单位或者个人认为该专利权的授予不符合本法有关规定的，可以请求国务院专利行政部门宣告该专利权无效。”

(二) 无效宣告的程序

无效宣告请求人的资格没有限制，可以是任何单位或个人，提出无效宣告请求应当填写无效宣告请求书，并缴纳无效宣告请求费。提出无效宣告的法定时间是自国务院专利行政部门公告授予专利权之日起任何时间，即使专利权终止，也可以提出无效宣告请求。国家知识产权局收到宣告专利权无效的请求后应当进行审查并作出决定。审查范围是根据请求人的请求理由、范围和提供的证据来进行审查。国家知识产权局不承担全面审查专利有效性的义务，必要时可依职权对请求人未提及的理由进行审查。

(三) 无效宣告的法律效力

无效宣告请求审查决定有以下三种类型：

(1) 宣告专利权全部无效；

(2) 宣告专利权部分无效；

(3) 维持专利权有效。

如果国家知识产权局作出宣告专利权无效的决定，应当通知请求人和专利权人，并由国家知识产权局登记和公告。对国家知识产权局宣告专利权无效或者维持专利权的决定不服的，请求人和专利权人可以自收到通知之日起三个月内向人民法院起诉。人民法院应当通知无效宣告请求程序的对方当事人作为第三人参加诉讼。

《专利法》还规定，宣告无效的专利权视为自始即不存在。宣告专利权无效的决定，对在宣告专利权无效前人民法院作出并已执行的专利侵权的判决、调解书，已经履行或者强制执行的专利侵权纠纷处理决定，以及已经履行的专利实施许可合同和专利权转让合同，不具有追溯力。一般情况下不返还费用。明显违反公平原则的，应当全部或者部分返还专利侵权赔偿金、专利使用费、专利权转让费等费用。因专利权人的恶意给他人造成的损失，应当给予赔偿。

三、专利权的终止

专利权的终止是指应专利权保护期满或其他种原因导致专利权丧失法律效力。具体有以下几种情况。

(一) 因专利权保护期满而终止

《专利法》第四十二条规定：“发明专利权的期限为二十年，实用新型专利权的期限为十年，外观设计专利权的期限为十五年，均自申请日起计算。”专利权保护期满后，专利技术就进入公有领域，任何人可以无偿使用。

（二）因专利权人没有缴纳年费而终止

专利申请获得批准，专利申请人办理专利登记手续时应当缴纳当年的年费，授权以后保护期届满以前每年应当在上一年度期满前缴纳当年的年费，未缴纳或未缴足的，应当自期满日起 6 个月内补缴，同时缴纳滞纳金，期满未缴纳的，专利权自应当缴纳年费期满之日起终止，并由国家知识产权局登记和公告。

（三）因专利权人放弃专利权而终止

现代高新技术更新速度很快，很多发明创造的经济寿命并不长，专利权人在专利失去市场价值后不愿继续维持专利有效，有的专利权人难以自行实施专利，也无其他人原意付费获得许可或转让，专利权人可以书面声明放弃其专利权，并由国家知识产权局登记和公告。

思 考 题

1. 如何理解发明、实用新型和外观设计这三种类型的专利？
2. 专利法调整哪些社会关系？
3. “全球化”对专利有什么影响？
4. 为什么要限制专利权人的权利？
5. 未来专利制度的发展趋势是什么？

第四章 商 标 权

商标是区分商品或服务来源的标志。只有具备特定条件的标志才能被依法注册为商标。本章的主要内容包括商标的概念、功能、分类、注册，商标权的内容及其续展和终止。

4.1 商标的概述

一、商标制度的历史沿革

(一) 世界商标制度的发展历程

商标的使用已有悠久的历史，甚至于在古代就有在皮革、瓷器、武器、书籍等产品上做上标记，以表示该产品与制作者之间关系的做法。然而，商标制度与近代商品经济密切相关是十九世纪才产生和发展起来的。大陆法系国家早期对商标的保护使用民法侵权责任制度。1804 年，《法国民法典》规定商标权应当和其他财产权一样受到保护，无法律上原因而使用他人商标者，应承担损害赔偿责任。1857 年，法国颁布了世界上第一部商标法，其他欧洲大陆的工业国家相继制定了本国的商标法。在英美法系国家，商标法起源于普通法的不公平竞争法，是通过法院的判例逐渐形成的，随着商业的发展，不公平竞争的范围扩大了，于是有关防止商品来源混淆、保护商业标识不被侵犯的法律从不公平竞争法中分离出来，形成了独立的商标法律制度。1870 年美国颁布了本国的第一部商标法。1875 年，英国制定了商标法，实行商标注册制度。英国的商标立法带动和影响了大多数英联邦国家的商标立法。

(二) 中国商标制度的历史沿革

我国古代就开始使用标记，例如在陶器、铁器等器物上铸刻一些标记来表示生产者。有记载的最早的具有商标性质的标记，是在北宋年间山东济南刘家功夫针铺使用的“白兔”标记。但是到清朝末期商标才立法，清政府为了在通商贸易时进行商标保护，于 1902 年在津沪设立“商标注册局所”，并于 1903 年设立了商部。1904 年，清政府颁布了《商标注册试办章程》，这是我国历史上第一个商标方面的成文法，虽未实行，但是为后来的商标立法奠定了基础。1923 年，颁布并实施了第一部完整的《商标法》和《商标法施行细则》，并同年设立了商标局。

新中国成立后，废除了民国时期的商标法。并于 1950 年 8 月 28 日通过了《商标注册暂行条例》，1963 年，《商标管理条例》取代了《商标注册暂行条例》。1982 年 8 月 23 日，第五届全国人大常委会第二十四次会议通过了《中华人民共和国商标法》(以下简称《商标法》)，1983 年 3 月 1 日起正式实施，并同时颁布了《商标法实施细则》。《商标法》结合了两个条例的精神，反映了计划经济和商品经济的双重需要，强调保护商标专用权，同时也要求商标使用人应当对其使用商标的商品质量负责。此后，《商标法》在 1993 年 2 月 22 日通过了第一次修订，2001 年 10 月 27 日通过了第二次修订，2013 年 8 月 30 日通过了第三次修订，2019 年 4 月 23 日通过了第四次修订。

二、商标的概念

商标(Trademark)俗称“牌子”，是商品或服务的提供者用来区别自己的商品或服务和其他人提供的同种或者类似的商品或服务的专用标记。商标附着于商品、商品包装、服务设施、相关的广告宣传品上，目的是帮助消费者将一定的商品或者服务项目与其经营者联系起来，并且与其他经营者的同类商品或者服务项目相区别。我国《商标法》第八条规定“任何能够将自然人、法人或者其他组织的商品与他人的商品区别开的标志，包括文字、图形、字母、数字、三维标志、颜色组合和声音等，以及上述要素的组合，均可以作为商标申请注册”。需要注意的是，单一的色彩不能作为商标申请注册。文字、图形、字母、数字、三维标志、颜色组合等要素属于可视性要素。“声音”属于非可视性的组成要素，美国米高梅电影公司拍摄的电影片头中有一段狮子吼声是其区别于其他电影公司的商标。2013 年我国商标法修改时新增加了声音这个组成要素。一些发达国家在本国的商标立法中除了声音还规定了其他非可视性要素，如气味要素。例如在英国，一段由狗吠构成的声音被注册为油漆的商标，一种特殊的花香被注册为一种纺线的商标。

三、商标的功能

(一) 识别功能

商标的首要功能是区分商品或服务的来源，使消费者通过商标将相同或类似的商品、服务区分开。不具有识别功能的标志不能被称为商标，更不能被注册为商标并得到商标法的保护。而凡是具有识别功能的标志都是商标，无论其是否被注册。由于一些老品牌的商标意识不强，许多使用多年家喻户晓的商标未被注册，例如“美加净”厂商虽然没有注册，但依然可以依法获得法律保护，又如“优盘”曾经是朗科公司的注册商标，但随着“优盘”逐渐成为闪存产品的通用名称，“优盘”不再作为朗科公司与其他公司同类商品相区别的专用标记，因此不能作为商标使用。

(二) 品质保障功能

商标的品质保障功能是指商标向消费者传递了这样一种信息：使用相同商标的商品或服务具有相同的品质。这意味着商标标示该商品具有稳定的、一贯的质量和品质。如果没有商标，消费者购买商品时则必须弄清每种商品的性能和质量，而凭借商标，消费者可将以往的经验用在选择相同商标的商品上，商标帮助消费者认牌购物、指导消费，从而大大降低了消费者的搜寻成本，而商标持有人为维护商标在消费者心目中的信誉，就要努力保证同一商标的商品质量相同。这就激励企业注重商品质量并做好售后服务，维护商标声誉。商标使消费者降低了购买商品的选择时间，使交易更加及时高效，使生产经营者更加重质量、讲信誉，这对提高整个社会的经济效率也是有益的。

(三) 广告宣传功能

商标的标志简洁明快、具有显著特征，便于呼叫和记忆，是进行广告宣传的便利工具。商标的广告宣传功能主要通过两种途径实现：一种是消费者口口相传，商标不仅对再次购买起到引导作用，还通过消费者之间的相互传播，变得更加广为人知；另一种是对潜在消费者的广告宣传，广告中突出使用商标，使人们对商标产生好感并延及商品或者服务，从而激发人们的购买欲，有利于推动商品销售和扩大商标的知名度。在传播途径越来越发达的信息社会，商标的广告作用越发重要，厂商借助广告深入宣传，推行各种促销活动，商标对商品的影响更加强化，品牌概念深入人心甚至形成个性、风格、偏好和某种生活方式，甚至可以满足人们一定程度的精神需求。消费者对商标的认可，客观上拓展了商标的功能，提升了商标的价值。

4.2 商标的分类

一、商标的分类

(一) 按照构成要素分类

商标按照构成要素分类，可分为文字商标、字母商标、数字商标、图形商标、记号商标、组合商标以及立体商标。

(二) 按照用途分类

商标按照用途分类，可分为商品商标和服务商标。商品商标用于识别商品提供者，商品商标是使用在商品上的商标，例如“康师傅”方便面和“长城”葡萄酒等。服务商标是用于识别服务提供者，例如顺丰快递、海底捞火锅等。商品商标还可进一步分为制造商标和销售商标。日常生活中人们所见的多数商品商标是制造商标，例如计算机上使用的“戴尔”“联想”等商标，以往销售者很少使用商标来将自己销售的商品与他人销售的同类商品加以区分，但随着市场竞争的日趋激烈，许多销售者开始使用销售商标来宣传自己的商业信誉。例如瑞典的“宜家”、英国的“马莎”，在其销售的商品上都印上了销售商的商标。

（三）按照使用分类

商标按照使用分类，可分为普通商标、集体商标、证明商标、防御商标和联合商标。

普通商标是指普通经营者可以自行注册的商标。集体商标是指以团体、协会或者其他组织的名义注册，供该组织成员在商事活动中使用，以表明使用者在该组织中的成员资格的商标。证明商标是指由对某种商品或者服务具有监督能力的组织所注册并控制，而由该组织以外的单位或者个人使用于其商品或者服务，用以证明该商品或者服务的原产地、原料、制造方法、质量或者其他特定品质的商标。证明商标和集体商标这两个概念也可以这样理解：证明商标的作用是为了证明一种“资格”，证明商标的所有人就是证明这种资格的裁判员，因为裁判员是不能上赛场的，所以证明商标是给商标所有人之外的单位或个人使用的；集体商标是属于某个集体的，所有者是某个集体，属于这个集体的成员都可以使用。

防御商标是商标所有人为防止他人使用或注册，或造成不良影响而将自己的核心商标注册在非同种商品上。联合商标是指商标所有者在相同的商品上注册几个近似的商标，或在同一类别的不同商品上注册几个相同或近似的商标，这些相互近似的商标称为联合商标。这些商标中首先注册的或者主要使用的为主商标，其余的则称为联合商标。例如，中兴通讯技术有限公司不仅在自己的主营业务领域注册了“中兴”的商标，在其他的商品和服务类别中也注册了该商标，这属于防御商标的情形。小米科技有限责任公司则是对其推出的产品不仅注册了“小米”商标，也注册了“红米”和“蓝米”等商标，这属于联合商标的情形。

二、其他商业标识

（一）商品装潢

商品装潢是指为宣传和美化商品而附加的装饰，它的构成要素是文字、图案、色彩、造型或其他组合。美观大方、新颖别致的装潢设计能够引起消费者的注意和兴趣，激发购买欲，经过一段时间的使用，购买者仍然根据某一装潢选择商品时，已不再是为美观别致所吸引，而是因为它指代的商品的品质可信赖。此时，商品装潢具有了识别功能。成为事实上的未注册商标。但和商标相比，具有下列区别：

1. 使用目的不同

使用商标的目的主要是区别不同经营者的商品或者服务。使用商品装潢的目的主要是说明或美化商品，刺激消费者的购买欲。

2. 构成要素不同

商标的选材不得与商品相同。例如，不能有“苹果”牌苹果、“计算机”牌计算机。而商品装潢则不受此限制。

3. 使用要求不同

商标的使用有法律规范要求，必须在核准注册的范围内使用，经营者不得随意改变注册商标的样态，未注册商标的使用也受到商标法的约束。而装潢没有具体法律规范的要求，使用者可以根据市场销售的需要，随意变动装潢的图案和文字。

(二) 商号

商号是企业名称中的特征部分。有的企业的商号和商标相同。例如，“华为”是华为技术有限公司的商号，也是其产品的商标，类似的还有“海尔”“双星”和“长虹”等。有的企业的商号和商标不一致，例如，联合利华公司的商号是“联合利华”，但商标有“力士”“清扬”和“多芬”等多项。商号和商标相比，具有下列区别：

1. 对象不同

商号的对象是市场主体，一个企业只能有一个商号；商标的对象是商品或服务来源的标志，一个企业可以有多个商标。

2. 使用要求不同

商标注册实行自愿原则，经营者可以注册也可以不注册。而企业名称登记是工商业组织取得市场主体资格的前提条件，商号必须登记才能使用。

3. 登记注册的法律效力不同

商号登记后，企业所享有的名称专用权仅限于登记主管机关所辖范围，而商标注册后在全国范围内享有注册商标专用权。

(三) 地理标志

地理标志是指标示某商品来源于某地区，该品牌特定质量、信誉或者其他特征主要由该地区的自然环境或者人文因素所决定的标志。地理标志其实是一个地名，可是用来标识商品或服务，特别是标识农产品和土特产品，就产生了地名以外的意义。例如，枸杞的种植地区分布很广，但是宁夏中宁产的枸杞被誉为绝品，“中宁枸杞”作为一个地理标志商标表明了枸杞的地道和精良。地理标志是在长期历史发展过程中形成的，是代表一个地区传统文化和地方特色的无形资产。一个地名能够具有商标法上地理标志的意义完全取决于该地方的地理环境与产品质量的关系。地理标志可以作为商标注册和使用，但是和普通商标具有以下区别。

1. 功能不同

商标所指示的是商品的生产经营者，并不直接反映商品质量或特色。地理标志标明商品产地、商品质量和特有品质，有品质担保、质量认证的功能。商标法禁止并非来源于该地理标志所标示的地区的商品使用该地理标志。

2. 权利主体不同

商标由独立民事主体申请注册取得商标专用权，并可排除任何第三人的注册和使用。地理标志是某一地方、区域的名称，一般不作为普通商标，可以作为集体商标或者证明商标，由该标志所标示商品或服务的代表性机构(如行业协会等)作为商标注册人对该商标的使用进行管理，此商品或服务的经营者在该地区范围内共同使用。

(四) 特殊标志

特殊标志是指在经国务院批准举办的全国性或国际性的文化、体育、科学研究及其他社会公益活动中所使用的，由文字、图形组成的名称及其缩写、会徽、吉祥物等标志。例如奥林匹克五环图案、旗帜、格言、标志、吉祥物等均属于特殊标志。特殊标志可用于商品包装、广告，但和商标是有区别的，具体体现在以下几个方面。

(1) 特殊标志的所有人是文化、体育、科学研究及其他社会公益活动的主办者，不是以营利为目的的经营者。例如，奥林匹克五环标志、奥林匹克旗帜等标志的所有人是国际奥林匹克委员会；第 31 届里约热内卢奥林匹克运动会的标志、吉祥物、会歌、口号等标志的所有人是巴西奥林匹克委员会和第 31 届奥林匹克运动会组委会。

(2) 特殊标志的所有人对其标志享有专有权，可以在与所有人公益活动相关的广告、纪念品或者其他物品上使用该标志，并可许可他人为商业目的而将该标志用于商品或者服务项目上。

(3) 使用特殊标志不是为了表示产品出处，而是表明该商品或者服务项目的经营者取得了标志所有人的许可，或者与标志所标示的事业或者活动之间有支持关系、赞助关系。经营者在使用特殊标志的同时，还应当使用商标以确定商品或者服务的来源。

4.3 商标的注册

早期各个国家采用因使用获得商标权的使用取得制度。现在世界上大多数国家采用经注册核准后取得商标权的注册取得制度。我国现行的《商标法》实行注册取得制度和先申请原则。商标注册是确定商标专用权的法律依据。

一、商标注册的原则

(一) 申请在先原则

申请在先原则即注册在先原则，是指两个或两个以上的申请人在相同或类似的商品上以相同或者近似的商标申请注册时，申请在先的可以获得商标专用权，而申请在后的予以驳回。《商标法》第三十一条规定：“两个或者两个以上的商标注册申请人，在同一种商品或者类似商品上，以相同或者近似的商标申请注册的，初步审定并公告申请在先的商标；同一天申请的，初步审定并公告使用在先的商标，驳回其他人的申请，不予公告”。申请日不同的，申请在先的优先审查，优先注册，申请在后的予以驳回。申请日相同的，优先考虑使用该商标的人的申请，申请人应当提供最早使用该商标的日期的证据。同日使用或者均未使用的，申请人自行协商解决；协商未果的，以抽签方式或由商标局裁定确定一个申请人。

(二) 自愿注册原则

自愿注册是指商标使用人是否申请商标注册取决于自己的意愿。自愿注册原则是一种国际惯例，符合知识产权的私权属性。商标无论注册与否均可以使用，但注册商标和未注册商标的法律地位不同。商标使用人根据自身需要决定是否申请注册以及确定企业商标战略，例如，一些地产自销、试产试销、短期经营的商品使用的商标均不注册，而那些长期生产经销、质量稳定可靠、有市场潜力的商品使用的商标应当及时申请注册。

我国在实行自愿注册原则的同时，对极少数商品保留了强制注册的要求。《商标法》第六条规定“法律、行政法规规定必须使用注册商标的商品，必须申请商标注册，未经核准注册的，不得在市场销售”。依此法律规定，某些商品的商标必须注册。目前，我国要求必须使用注册商标的商品只有烟草制品。

(三) 优先权原则

优先权是《巴黎公约》赋予其成员国国民申请工业产权时在申请日期上享有的优先权益。公约规定了商标注册申请的优先权期限是 6 个月，对于在国际展览会上首次展出的商品的临时保护可以给予优先权，期限也是 6 个月。世界上大多数国家实行先申请原则，要求申请的客体具备新颖性，申请人同时在国内外几个国家提出同样的申请是难以实现的，而优先权则解决了这个难题。

优先权有两种，一种是由首次申请产生的申请优先权，另一种是由首次使用产生的使用优先权，也称展览优先权。

1. 申请优先权

我国《商标法》第二十五条规定“商标注册申请人自其商标在外国第一次提出商标注册申请之日起六个月内，又在中国就相同商品以同一商标提出商标注册申请的，依照该外国同中国签订的协议或者共同参加的国际条约，或者按照相互承认优先权的原则，可以享有优先权”。这就是申请优先权。

2. 展览优先权

《商标法》第二十六条规定“商标在中国政府主办的或者承认的国际展览会展出的商品上首次使用的，自该商品展出之日起六个月内，该商标的注册申请人可以享有优先权”。这就是展览优先权。

优先权并不自动产生，应当在提出商标注册申请的时候提出书面声明，并且在 3 个月内提交第一次提出的商标注册申请文件的副本或展出其商品的展览会名称、在展出商品上使用该商标的证据、展出日期等证明文件；未提出书面声明或者逾期未提交商标注册申请文件副本的，视为未要求优先权。

(四) 分类申请原则

分类申请原则是指商标注册时必须按照商品和服务分类表填报使用商标的商品或服务类别，以及商品或服务名称。实行商标注册制的国家都规定了在同种或类似的商品或服务上，不得注册相同的商标。目前，包括我国在内的大多数国家都已加入了《商标注册用商品和服务国际分类尼斯协定》(简称《尼斯协定》)，该协定规定根据商品的性能、用途、原料、生产工艺和服务性质等将商品和服务分为 45 个大类(其中商品 34 大类，服务 11 大类)。只有按照既定的商品和服务分类表进行注册，商标局才能按照类别进行检索和审查，防止在同类商品或服务上出现两个相同的注册商标。

在 2013 年《商标法》第三次修订之后，允许申请人通过一份申请就多个类别的商品申请注册同一商标。例如，在第 32 类“啤酒、矿泉水和汽水”以及第 33 类“除啤酒外含酒精的饮料”上申请注册同一商标时，以往必须按照两个商品类别分别提出两份申请，现在可以通过一份申请同时在两类商品上申请注册同一商标，从而简化了商标注册的手续。

二、商标注册的审查

商标注册是指商标使用人为了取得商标专用权，将其使用的商标向商标行政主管机关提出申请，商标行政主管机关经过审核登记备案的制度。

商标注册审查的程序：提出申请→形式审查→实质审查→初审公告→核准登记。

(一) 提出申请

商标注册申请人的民事主体可以是自然人、法人或其他组织。包括：中国公民、外国人、中国企事业单位、社会团体、个体工商户和外国企业等。商标注册申请的文件包括《商标注册申请书》，商标图样，证明文件并缴纳申请费。以三维标志申请注册商标的，应当在申请书中予以声明，并提交能够确定三维形状的图样；以颜色组合申请注册商标的，应当在申请书中予以声明，并提交文字说明。申请注册集体商标、证明商标的，应当在申请书中予以声明，并提交主体资格证明文件和使用管理规则。商标为外文或者包含外文的，应当说明含义。

(二) 形式审查

商标局收到商标注册申请之后要进行审查。审查包括形式审查和实质审查。形式审查是对商标注册申请的文件和手续是否齐备，是否符合法定要求进行审查，并且确定申请日。形式审查内容主要涉及申请人是否具备申请资格、申请书和图样是否符合要求，是否符合分类申请原则，以及是否缴纳了申请费等。如果商标局在形式审查中发现了问题，应当通知当事人在规定的期限内加以补正。

(三) 实质审查

商标局经过形式审查没有发现问题的，即决定受理申请，发出《受理通知书》，进入实质审查阶段。实质审查是对申请注册的商标标志是否符合注册条件进行的审查。实质审查内容即审查商标标志是否存在不予注册的绝对理由和部分相对理由。不予注册的绝对理由有以下三种情形：第一是标志不具有显著性；第二是三维标志不具有实用功能和美学功能；第三是标志的内容或注册违反法律的禁止性规定。不予注册的相对理由有以下六种情形：第一是误导性使用地理标志；第二是以不正当手段抢注他人已有一定影响的未注册商标；第三是代表人、代理人和其他关系人抢注；第四是与他人在相同或类似商品或服务上已注册的或初步审定的商标相同或近似；第五是与他人驰名商标相同或近似；第六是侵犯他人的其他在先权益。

(四) 初审公告

商标局经过实质审查，认为符合《商标法》的规定，即予以初步审定并公告。在《商标公告》上公布商标、使用的商品或者类别、申请人名义、申请人地址、商标代理人名称、申请日期和初步审定号等信息。自公告之日起 3 个月内，任何人认为商标注册损害了公共利益，存在不予注册的绝对理由，都可以向商标局提出异议，在先权利人和利害关系人认为商标注册损害了自己的民事权利，存在不予注册的相对理由，也可以向商标局提出异议。

(五) 核准注册

经过初步审定的商标，如果公告期满且无人提出异议，商标局即予以核准注册，发出商标注册证，并在《商标公告》上公告。

如果商标局收到商标异议书，会将副本送交被异议人(商标申请人)，要求其在规定期限内答辩，再对双方所陈诉的事实和理由进行调查、核实之后，商标局应当在公告期满之日十二个月内作出是否准予注册的决定。并书面通知异议人和被异议人。有特殊情况需要延长的，经国务院工商行政管理部门批准，可以延长六个月。

如果商标局作出了不予注册的决定，被异议人不服的，可以在收到通知之日起十五日内向商标评审委员会申请复审。商标评审委员会应当自收到申请之日起十二个月内作出复审决定，并书面通知异议人和被异议人。有特殊情况需要延长的，经国务院工商行政管理部门批准，可以延长六个月。如果商标评审委员会作出了不予注册的复审决定，被异议人仍然不服的，可以自收到通知之日起三十日内向北京知识产权法院提起行政诉讼。

如果商标局作出了准予注册的决定，就发出商标注册证，并在《商标公告》上进行公告。异议人不服的，可以依照《商标法》第四十四条、第四十五条的规定向商标评审委员会请求宣告该注册商标无效。

4.4 商标权的内容

一、商标权的概念

商标权是商标法的核心概念。在我国的商标法中没有“商标权”这一概念，而是称为“商标专用权”。原因是我国商标理论长期以来只把注册商标当作商标权的客体。例如认为商标权是“商标注册人对其注册商标所享有的权利”，“法律赋予商标所有人对其注册商标进行支配的权利。”尽管如此，从商标制度的历史沿革出发，以及世界上大多数国家的现行制度来看，商标法所包含的对象并不局限于注册商标。最典型的例子就是驰名商标特别保护，各国遵行《巴黎公约》要求给予驰名商标某些特殊保护的初衷就是为了保护未注册商标。我国商标法也规定了对未注册商标有条件和适度的保护。

在我国商标法的实际应用中，依据商标理论和商标制度的宗旨，商标权是商标所有人对其商标的使用所享有的支配权。商标权的客体既包括注册商标，也包括未注册商标。注册商标专用权就是通常意义上的商标权，包括专用权、禁止权、转让权、许可权和质押权。未注册商标的权利是指对抗不正当注册的权利和在先使用权。

二、注册商标专用权

(一) 专用权

对于注册商标而言，我国商标法所称“商标专用权”就是“商标权”。专用权就是商标权人对其注册商标享有独占性使用的权利。使用是商标法的一个重要概念，商标权的取得和使用有关，商标权的维持必须以使用为前提，侵犯商标权也是由于非法使用商标行为。2013 年修订的商标法中对于“使用”界定为“本法所称商标的使用，是指将商标用于商品、商品包装或者容器以及商品交易文书上，或者将商标用于广告宣传、展览以及其他商业活动中，用于识别商品来源的行为”。虽然商标使用的方式有多种，但从使用目的来看，使用商标应当是真实有效，能够使商标发挥识别和区分作用，能够提高商标承载信誉的能力。

商标专用权的范围是从商标和商品两个方面加以界定的，如《商标法》第五十六条所述“注册商标的专用权，以核准注册的商标和核定使用的商品为限”。这表明，商标法对于注册商标专用权的保护以注册登记事项为准，即核定使用的商品和核准注册的商标文字、图形、字母、数字、三维标志、颜色和声音等，或其组合，注册商标所有人在此范围内的使用行为受法律保护，超出核定范围或者改变核准注册的商标形态的使用行为，法律不予保护。

(二) 禁止权

禁止权是指商标权人有权禁止他人未经许可使用其注册商标。表现为禁止他人非法使用，非法印制注册商标以及禁止他人非法销售侵犯注册商标的商品。禁止权和专用权相比，专用权是积极权利，禁止权是消极权利；专用权是实体权，禁止权是请求权；禁止权源于专用权，是专用权的对象化。

禁止权的效力范围大于专用权，《商标法》第五十七条规定，对于未经商标注册人的许可，在同一种商品上或者在类似商品上使用与其注册商标相同或近似的商标的，商标权人均有权禁止。就是说禁止权的效力范围基于“类似商品”和“近似商标”。这是由于如果允许其他人在与注册商标近似的范围内和与核定商品类似的范围内使用商标，就无法实现商标法防止混淆和维护消费者权益的目的。

(三) 转让权

转让是指注册商标所有人将其注册商标所有权转移给他人所有。转让注册商标应由双方当事人签订合同，并应共同向商标局提出申请，经商标局核准公告后生效。转让的法律后果是商标权主体发生变更。受让人成为新的商标权人，原商标权人不再拥有注册商标所有权。

商标权转让有两种方式：一种是与商标所有人的企业或企业信誉一起转让，成为连同转让；一种是商标脱离原企业和经营整体而单独转让，称为单独转让。我国商标法对于转让的方式未作限制，以上两种方式都允许存在，但是为了保护消费者利益，防止转让引起市场混淆，作出了一些限制性的规定：第一，在同一种或类似商品上注册的相同或者近似商标必须一并转让；第二，联合商标必须一并转让；第三，已经许可他人使用的商标不得随意转让；第四，受让人有保证注册商标商品质量的义务；第五，禁止转让容易导致混淆或存在其他不良影响的商标。

（四）许可权

商标权许可是指注册商标所有人许可他人在一定期限内行使其注册商标专用权。使用许可关系中商标权人为许可人，使用注册商标的人为被许可人。使用许可是商标所有人利用商标权的一种重要方式，商标权人并不丧失该注册商标，被许可人也只在一定期限内行使注册商标专用权。被许可人的使用行为视同商标权人的使用，如果商标权人许可他人使用商标，即使自己不使用，也不会导致商标权被撤销。

根据被许可人获得的使用权的不同。商标使用许可合同可分为以下三类：第一种是普通许可，即许可人允许被许可人在规定的期限、地域内使用某一注册商标，同时，许可人保留自己在该地区内使用该注册商标和再授权第三人使用该注册商标的权利；第二种是排他许可，即许可人允许被许可人在规定期限内使用某一注册商标，许可人自己可以使用该注册商标，但不得另行许可他人使用该注册商标；第三种是独占许可，即许可人允许被许可人在规定的期限、地域内独家使用某一注册商标，许可人不得使用也不得将同一注册商标再许可他人使用。

（五）质押权

商标权质押是指商标注册人以债务人或者担保人身份将自己所拥有的、依法可以转让的商标专用权作为债权的担保，当债务人不履行债务时，债权人有权依照法律规定，以该商标专用权折价或以拍卖、变卖该商标专用权的价款优先受偿。质押是担保的一种方式，按照质押物的不同种类，可将质押分为动产质押、不动产质押及权利质押。商标专用权的质押属于权利质押。

三、未注册商标的法律保护

我国商标法对符合一定条件的未注册商标是予以保护的。例如，《商标法》第十五条第二款规定：“就同一种商品或者类似商品申请注册的商标与他人在先使用的未注册商标相同或者近似，申请人与该他人具有前款规定以外的合同、业务往来关系或者其他关系而明知该他人商标存在，该他人提出异议的，不予注册。”这说明商标法禁止明知他人未注册商标使用在先而违法抢注的行为。又根据《商标法》第十三条第二和第三款的规定：“就相同或者类似商品申请注册的商标是复制、摹仿或者翻译他人未在中国注册的驰名商标，容易导致混淆的，不予注册并禁止使用；就不相同或者不相类似商品申请注册的商标是复制、摹仿或者翻译他人已经在中国注册的驰名商标，误导公众，致使该驰名商标注册人的利益可能受到损害的，不予注册并禁止使用。”这说明对未注册的驰名商标的保护禁止同类混淆，对已注册的驰名商标甚至禁止跨类混淆。

4.5 商标权的续展和终止

一、商标权的续展

商标权的续展又称注册商标的续展，是指通过法定程序延续注册商标的有效期限。注册商标的有效期为十年，自核准注册之日起算。商标注册人在有效期内对该商标享有排他性商标专用权，有效期届满，商标注册人的权利宣告终止。但是商标权的续展可以使商标权继续维持，每次续展注册的有效期为十年。注册商标续展制度的作用就是将有期限的商标权继续延续下去。

商标权续展应当履行必要程序。续展申请应当在注册商标有效期届满前十二个月内办理，这十二个月称为续展期。如果没有在续展期提出续展申请，可以在随后的六个月的宽展期内提出续展。如果在宽展期内仍未提出续展，则该注册商标被注销。

续展申请提交的材料包括：《商标续展注册申请书》和商标图样，交回《商标注册证》并缴纳费用。商标局收到续展申请后，原则上不进行实质审查，只是对续展申请进行必要的形式审查，认为符合规定就予以核准，将原来的《商标注册证》加注返还，并予以公告。如果认为不符合规定则不予续展，并以书面形式驳回申请。申请人对商标局驳回续展申请不服的，可以申请复审。

二、商标权的终止

商标权的终止是指因法定事由的发生，注册商标所有人丧失其对注册商标的权利。商标权终止的法定事由有注销、无效和撤销。

(一) 注销

商标权注销是指商标局对注册商标所有人自愿放弃或因故不能使用注册商标的事实予以确认，注销注册商标必须由商标局备案，并予以公告。注销存在两种情形：第一种情形是商标注册人申请注销，就是商标注册人由于某些原因不愿维持其商标的注册，可以向商标局提出注销申请，根据《商标法实施条例》规定“经商标局核准注销的，该注册商标专用权或者该注册商标专用权在部分商品上的效力自商标局收到其注销申请之日起终止”；第二种情形是商标权有效期满没有续展，就是商标注册人在注册商标的续展期和宽展期都未办理续展手续，或者虽然提出续展申请但被驳回的，都导致注册商标被注销。

(二) 无效

商标权无效是指商标在注册时存在不予注册的理由但获得注册的，由任何人包括在先权利人或利害关系人提出后，商标局或商标评审委员会宣告商标权无效。

1. *以不予注册的绝对理由请求宣告商标权无效*

如果商标在注册时，存在不予注册的绝对理由，即违反《商标法》第四条(禁止不以使用为目的的恶意商标注册)、第十条(禁止违法特定内容的商标注册)、第十一条(禁止缺乏显著性的商标注册)和第十二条(禁止特定三维标志注册)、第十九条第四款(禁止商标代理机构申请注册除对其代理服务申请商标注册外的其他商标)，或者以欺骗手段以及其他不正当手段取得注册的，商标局可以依职权随时宣告该注册商标无效，没有时间限制。当事人对决定不服的，可以自收到通知之日起 15 日内向商标评审委员会申请复审，商标评审委员会应当自收到申请之日起 9 个月内作出决定。有特殊情况需要延长的，经国务院工商行政管理部门批准，可以延长 3 个月。除了商标局主动宣告该商标无效外，其他单位或个人可以随时请求商标评审委员会宣告该商标无效，没有时间限制。商标评审委员会应当自申请之日起 9 个月内作出维持商标注册或者宣告无效的裁定。有特殊情况需要延长的，经国务院工商行政管理部门批准，可以延长 3 个月。当事人对商标评审委员会的决定或裁定不服的，可以自收到通知之日起 30 日内向人民法院以商标评审委员会为被告提起行政诉讼，人民法院应当通知商标裁定程序的对方当事人作为第三人参加诉讼。

2. *以不予注册的相对理由请求宣告商标权无效*

如果在先权利人或利害关系人认为注册商标在注册时存在不予注册的相对理由，损害了自己的民事权利，即违反《商标法》第十三条(禁止驰名商标抢注)、第十五条(禁止代理人、代表人和其他关系人抢注)、第十六条(禁止误导公众的地理标志注册)、第三十条(禁止在相同或类似商品上与他人已注册商标或已初步审定的商标相同或近似的商标注册)、第三十一条(先申请原则)和第三十二条(禁止损害其他在先权利商标注册，禁止特定未注册商标抢注)规定的，可以请求商标评审委员会宣告该商标无效。

由于相对理由一般不涉及公共利益，不能由商标局主动宣告无效。在先权利人或利害关系人可以自商标注册之日起 5 年内请求商标评审委员会宣告该商标无效，对恶意注册他人驰名商标的不受此限制。商标评审委员会应当自收到申请之日起 12 个月内作出维持注册商标或宣告无效的裁定，并书面通知当事人。有特殊情况需要延长的，经国务院工商行政管理部门批准，可以延长 6 个月。当事人对商标评审委员会的裁定不服的，可以自收到通知之日起 30 日内向人民法院以商标评审委员会为被告提起行政诉讼。人民法院应当通知商标裁定程序的对方当事人作为第三人参加诉讼。

《商标法》第四十七条的规定：“宣告无效的注册商标，由商标局予以公告，该注册商标专用权视为自始即不存在。”一般地，宣告注册商标无效的决定或者裁定，对宣告无效前人民法院和工商行政管理部门作出并已执行的商标侵权案件或者合同等的处理决定不具有追溯力，不返还相关的商标侵权赔偿金、商标转让费、商标使用费等。但如果是因为商标注册人的恶意给他人造成的损失，明显违反公平原则的，应当全部或者部分返还。

(三) 撤销

商标权撤销是指商标注册人违法使用商标或没有正当理由连续三年不使用商标而导致商标权终止。

1. 以连续三年不使用商标的理由撤销商标权

商标获得注册之后，如果没有正当理由连续三年不使用的，就不可能在商标预期指定的商品或服务之间建立联系，同时还会造成资源的浪费。此时，任何单位或者个人可以向商标局申请撤销该注册商标。商标局应当自收到申请之日起九个月内做出决定。有特殊情况需要延长的，经国务院工商行政管理部门批准，可以延长三个月。

2. 以商标成为商品的通用名称的理由撤销商标权

如果一个标志对某一类商品最初具有显著性并被注册为此类商品的商标，但由于使用逐渐成为此类商品的通用名称，例如 4.1 节内容提到的朗科公司的“优盘”，由于显著性退化而成为核定使用商品的通用名称，商标就会失去识别功能。此时，任何单位或者个人可以向商标局申请撤销该注册商标，商标局应当自收到申请之日起九个月内做出决定。有特殊情况需要延长的，经国务院工商行政管理部门批准，可以延长三个月。

3. 以其他违反法律的方式使用商标的理由撤销商标权

为了维护商标管理程序，《商标法》第四十九条规定“商标注册人在使用注册商标的过程中，自行改变注册商标、注册人名义、地址或者其他注册事项的，由地方工商行政管理部门责令限期改正；期满不改正的，由商标局撤销其注册商标”。注册商标的专用权，以核准注册的商标和核定使用的商品为限。一旦改变注册商标的文字、图形、字母、数字、三维标志等要素或其组合，就改变了商标本身。另外，如果改变了注册人相关信息也会被撤销商标权。

《商标法》第五十五条规定：“被撤销的注册商标，由商标局予以公告，该注册商标专用权自公告之日起终止。”对商标局撤销或者不予撤销注册商标的决定，当事人如果不服的，可以自收到通知之日起十五日内向商标评审委员会申请复审。商标评审委员会应当自收到申请之日起九个月内做出决定，并书面通知当事人。有特殊情况需要延长的，经国务院工商行政管理部门批准，可以延长三个月。当事人对商标评审委员会的决定不服的，可以自收到通知之日起三十日内向人民法院起诉。

思 考 题

1. 什么是商标？我国商标法规定的构成商标的要素有哪些？
2. 商标和其他商业标识相比较的异同点是什么？
3. 商标注册的原则和审查程序有哪些？
4. 未注册商标是否受到《商标法》的保护？具体内容有哪些？
5. 商标终止的理由有哪些？有何区别？

第五章　集成电路布图设计专有权

本章主要内容是集成电路布图设计专有权的法律保护，包括集成电路布图设计的保护制度、权利内容、权利取得、权利利用和保护以及权利限制。

5.1　集成电路布图设计专有权概述

一、集成电路布图设计的保护制度

通常来说，集成电路布图设计需要投入相当的资金和专业的人力才能完成。而复制集成电路布图设计的成本很低，只需要依照拍摄电路涂层所得到的照片掩膜就可以便捷地完成复制，因此有必要对集成电路布图设计(以下简称布图设计)采用立法形式进行保护。

从本质上看，布图设计是一种图形设计，并非工业品的外观设计。原因是：第一，布图设计不取决于集成电路的外观，而是由集成电路中具有电子功能的每个元件的位置和相互连接关系决定的；第二，布图设计尽管需要耗费专业人员的大量劳动，但设计方案很大程度上受限于工艺技术，不满足新颖性和独创性要求；第三，专利审批程序时间长、成本高，集成电路技术发展迅速，产品更新换代快，因此布图设计不适用于专利法的保护。

另外，布图设计也不属于著作权法意义上的图形作品或造型艺术作品。原因是：第一，图形作品是由文字、图形或符号组成的，是一定思想的表现形式，而集成电路布图设计是由电子元器件及其连线组成的，执行某种电子功能，不表达任何思想，也不具有艺术性；第二，著作权保护期限较长，如果把布图设计当成作品保护，则不利于布图设计的技术创新和集成电路产业的整体发展。

由于现有知识产权相关法律无法对布图设计给予有效保护，世界上许多国家采用单行立法的形式确认布图设计的专有权。美国是最早立法的国家。1983 年美国国会通过了《半导体芯片保护法》，该法借鉴了版权法和专利法的有关规则和方法。1985 年，日本颁布了《半导体集成电路线路布局法》，继美国、日本之后，瑞典、英国、德国、法国、意大利、俄罗斯和韩国等国也相继制定了本国的集成电路布图设计法。与此同时，国际组织也通过缔结国际公约的形式协调各国间的相关立法活动。1989 年，世界知识产权组织在华盛顿通过了《保护集成电路的知识产权公约》(简称《华盛顿公约》)，世贸组织的《TRIPS 协议》也专节规定了集成电路布图设计的保护问题。

为了鼓励集成电路技术创新，促进科学技术的发展，履行集成电路布图设计保护法国际义务，我国已于 2001 年 3 月 28 日通过了《集成电路布图设计保护条例》(本章以下简称《条例》)，2001 年 10 月 1 日起正式施行。

二、集成电路布图设计专有权的内容

(一) 集成电路布图设计的概念

集成电路是一种综合性技术成果，它包括布图设计和工艺技术。我国《条例》中的定义为“集成电路，是指半导体集成电路，即以半导体材料为基片，将至少有一个是有源元件的两个以上元件和部分或者全部互连线路集成在基片之中或者基片之上，以执行某种电子功能的中间产品或者最终产品”。集成电路布图设计是一种三维配置形态的图形设计，又称掩膜作品或拓扑图，是附着于各种载体上的电子元件和连接这些元件的连线的布局设计。集成电路布图设计或是以掩膜图形的方式存在于掩膜板上，或是以图形的方式存在于芯片表面和表面下的不同深度处，或是以编码方式存在于存储介质中。我国《条例》的定义为“集成电路布图设计，是指集成电路中至少有一个是有源元件的两个以上元件和部分或者全部互连线路的三维配置，或者为制造集成电路而准备的上述三维配置”。

(二) 集成电路布图设计专有权

1. 主体

根据各国有关立法及国际条约的规定，布图设计的主体从两个方面确定：第一，布图设计的创作人、共同创作人、雇佣人或者委托人以及上述主体的权利继受者；第二，在本国首先进行商业利用的人、其所属国共同参加集成电路保护的国际条约的外国国民或居民以及法律规定可以享受保护的其他人。《条例》第三条规定：“中国自然人、法人或者其他组织创作的布图设计，依照本条例享有布图设计专有权。外国人创作的布图设计首先在中国境内投入商业利用的，依照本条例享有布图设计专有权。外国人创作的布图设计，其创作者所属国同中国签订有关布图设计保护协议或者与中国共同参加有关布图设计保护国际条约的，依照本条例享有布图设计专有权。”

2. 客体

根据各国立法及有关国际条约的规定，布图设计的客体必须是具有独创性的布图设计。布图设计的独创性有两层含义：第一，该布图设计必须是创作人自己智力创造的结果，而不是简单复制他人的布图设计，或者只是对他人的布图设计进行简单的修改；第二，该布图设计在创作完成时在创作人以及集成电路行业当中应当具备一定的先进性，不能是常用的、显而易见的或为人所熟知的设计。对于包含有常用的、显而易见的部分的布图设计，只有作为一个整体具有独创性时，才能受到法律保护。

《条例》第四条规定了“受保护的布图设计应当具有独创性，即该布图设计是创作者自己的智力劳动成果，并且在其创作时该布图设计在布图设计创作者和集成电路制造者中不是公认的常规设计。受保护的由常规设计组成的布图设计，其组合作为整体应当符合前款规定的条件”。

3. 内容

布图设计权的内容就是布图设计权的权能，是指权利持有人对于权利客体所能够行使的权利，根据各国有关立法及国际条约的规定，布图设计权不包括精神权利，主要包括两项财产权利：复制权和商业利用权。

复制权是指权利人有权通过光学的、电子学的方式或其他方式来复制其受保护的布图设计。《条例》第二条第四款的定义为“复制，是指重复制作布图设计或者含有该布图设计的集成电路的行为”。

商业利用权是指布图设计权利人享有的将受保护的布图设计以及含有该受保护的布图设计的集成电路或含有此种集成电路的产品进行商业利用的权利。《条例》第二条第五款的定义为“商业利用，是指为商业目的进口、销售或者以其他方式提供受保护的布图设计、含有该布图设计的集成电路或者含有该集成电路的物品的行为”。

5.2　集成电路布图设计专有权的取得、利用、保护和限制

一、集成电路布图设计专有权的取得

从各国集成电路布图设计立法规定来看，布图设计权的取得方式有以下几种：自然取得、登记取得、使用与登记取得。我国实行登记制度，登记程序包含申请、初步审查、驳回复审、登记并公告以及撤销。

(一) 申请

申请登记时，申请人向登记机构(也就是国务院知识产权行政部门)提交申请文件。根据《集成电路布图设计保护条例实施细则》的规定，国务院知识产权行政部门是指国家知识产权局。提交的文件包括：集成电路布图设计登记申请表；布图设计的复制件或者图样；对于已投入商业利用的，要求提供含有该布图设计的集成电路样品；国家知识产权局规定的其他材料。此外，自布图设计在世界任何地方首次商业利用之日起 2 年内，都没有向国家知识产权局提出登记申请的，不再予以登记。

(二) 初步审查

国家知识产权局在收到申请人的申请后，对申请进行初步审查。

(三) 登记并公告

根据《条例》第十八条的规定，“布图设计登记申请经初步审查，未发现驳回理由的，由国务院知识产权行政部门予以登记，发给登记证明文件，并予以公告”。

(四) 复审

国家知识产权局发现驳回理由的，驳回申请不予登记。根据《条例》第十九条的规定，布图设计登记申请人对国家知识产权局驳回决定不服的，可以自收到通知之日起 3 个月内，向国家知识产权局请求复审；国家知识产权局复审后作出决定，并通知布图设计登记申请人；布图设计登记申请人对复审决定仍不服的，可以自收到通知之日起 3 个月内向人民法院起诉。

(五) 撤销

根据《条例》第二十条的规定，布图设计获准登记后，国家知识产权局发现该登记不符合条例规定的，应当予以撤销，通知布图设计权利人并公告；布图设计权利人对撤销布图设计登记的决定不服的，可以自收到通知之日起 3 个月内向人民法院起诉。

二、集成电路布图设计专有权的利用

(一) 转让

布图设计权的转让是指权利人将其全部权利转让给受让人。布图设计权的转让使布图设计的主体发生了变化，布图设计权转让的后果是使受让人成为该布图设计权的所有人。

按照世界上大多数国家的规定，布图设计的转让必须以书面方式进行，权利人和受让人必须签订书面文件。在实行登记制度的国家，布图设计权的转让必须到有关机构登记，否则这种转让不得对抗经过登记的转让。我国《条例》第二十二条第二款规定：“转让布图设计专有权的，当事人应当订立书面合同，并向国务院知识产权行政部门登记，由国务院知识产权行政部门予以公告；布图设计专有权的转让自登记之日起生效。”

(二) 许可

布图设计权的许可是指权利人通过许可合同将其部分或全部权利许可他人行使。由于布图设计权的许可属于技术转让行为，世界各国的集成电路法对布图设计权的许可只是作了一些原则性的规定。我国《条例》也只是简单规定了“许可他人使用其布图设计的，当事人应当订立书面合同”。

三、集成电路布图设计专有权的保护

(一) 保护期限

根据《保护集成电路的知识产权公约》的要求，布图设计权的保护期至少为八年。《知识产权协议》规定布图设计权的保护期则为十年。大多数国家规定布图设计权的保护期限是十年。我国《条例》第十二条规定：布图设计专有权的保护期为十年，自布图设计登记申请之日或者在世界任何地方首次投入商业利用之日起计算，以较前日期为准。但是，无论是否登记或者投入商业利用，布图设计自创作完成之日起十五年后，不再受本条例保护。

(二) 侵权行为

布图设计权的侵权行为是指侵犯了布图设计权人的权利，依法承担法律责任的行为。包括非法复制和非法进行商业利用这两种方式。侵犯复制权是指未经布图设计权利人许可，复制受保护的布图设计的全部或其中任何具有独创性部分的行为。侵犯商业利用权是指未经布图设计权利人许可，为商业目的进口、销售或者以其他方式提供受保护的布图设计、含有该布图设计的集成电路或者含有该集成电路的物品的行为。

四、集成电路布图设计专有权的限制

集成电路布图设计专有权的限制是指对权利人所享有的专有权所作的必要约束。布图设计权的限制分为合理使用、反向工程和权利用尽等。

(一) 合理使用

布图设计权的合理使用类似于著作权的合理使用的执行，也就是“不需要经过权利人许可，也不向其支付报酬”。我国《条例》第二十三条规定了两种情形：一种是为个人目的或者单纯为评价、分析、研究、教学等目的而复制受保护的布图设计的情形；另一种是对自己独立创作的与他人相同的布图设计进行复制或者将其投入商业利用的情形。以上情形可以不经布图设计权利人许可，并不向其支付报酬。

(二) 反向工程

反向工程是指对他人的布图设计进行分析、评价，然后根据分析评价的结果创作出新的布图设计。许多先进的布图设计是在分析他人已有的布图设计的基础上创作而来的，如果对此行为视为侵权，将会阻碍布图设计技术的进步，影响集成电路产业的发展。

美国首先在《半导体芯片保护法》中对因实施反向工程而复制他人受保护的布图设计给予豁免，不视为侵权。各国集成电路法和《华盛顿公约》中都明确规定，为实施反向工程而复制他人受保护的布图设计不构成侵权。我国《条例》第二十三条第二款规定：在依据前项评价、分析受保护的布图设计的基础上，创作出具有独创性的布图设计的，可以不经布图设计权利人许可，不向其支付报酬。

(三) 权利用尽

权利用尽是指布图设计权人或经其授权的人，将受保护的布图设计或含有该布图设计的半导体集成电路产品投入市场以后，对与该布图设计或该半导体集成电路产品有关的任何商业利用行为，不再享有权利。也就是商业利用的“权利用尽”，任何人均可不经权利人或其授权的人同意而进口、分销或以其他方式进行转让，该行为不构成侵权。我国《条例》第二十四条规定“受保护的布图设计、含有该布图设计的集成电路或者含有该集成电路的物品，由布图设计权利人或者经其许可投放市场后，他人再次商业利用的，可以不经布图设计权利人许可，并不向其支付报酬”。

(四) 善意第三人

由于布图设计复杂细微，即使具有专门知识的人也难以辨认自己所购买的集成电路中是否含有受保护的布图设计，更何况是普通消费者。如果对不知集成电路的产品中含有非法复制的布图设计而出售或其他商业利用的行为视为侵权的话，则会使很多集成电路产品经销商面临侵权指控，从而影响集成电路贸易的正常进行。因此，各国对不知而从事了与权利人的权利冲突的行为的“善意第三人”给予豁免。

我国《条例》第三十三条规定：行为人在获得含有受保护的布图设计的集成电路或者含有该集成电路的物品时，不知道也没有合理理由应当知道其中含有非法复制的布图设计，而将其投入商业利用的，不视为侵权。当行为人得到含有非法复制的布图设计的明确通知后，可以继续将现有的存货或此前的订货投入商业利用，但应当向布图设计权利人支付合理的报酬。

(五) 非自愿许可

非自愿许可，也称为强制许可，是指在国家出现紧急状态或者非常情况时，或者为了公共利益的目的，或者经人民法院、不正当竞争行为监督检查部门依法认定的布图设计权利人有不正当竞争行为而需要给予补救时，国家知识产权局可以给予使用其布图设计的非自愿许可。

我国《条例》对非自愿许可的条件、程序、报酬等方面作出了具体规定。

思 考 题

1. 集成电路布图设计专有权的保护对象是什么？
2. 如何取得集成电路布图设计专有权？
3. 《条例》中规定对集成电路布图设计专有权的限制有哪些？

第六章 计算机软件著作权

本章的主要内容是计算机软件著作权制度的由来，并讨论了计算机软件的保护问题。

6.1 计算机软件著作权概述

一、计算机软件著作权制度

我国《著作权法》第三条规定“本法所称的作品，包括以下列形式创作的文学、艺术和自然科学、社会科学、工程技术等作品，……计算机软件”，计算机软件作为作品归属于著作权法保护。如果仔细比较计算机软件与传统著作权法所保护的客体，就会发现两者之间存在较大差别，后者主要是文学、艺术和科学领域内在内容或形式上具有美感的智力创造成果，而计算机软件是由计算机程序及其有关文档构成的。程序是由一系列指令与代码构成的，指令和代码很难解释为具有传统著作权的作品所具有的美感。文档是程序设计说明书、流程图、用户手册等。

文档作为文字作品受到著作权的保护没有过多争议，但是用著作权保护表达设计思想的具体指令和代码就存在着异议。正因如此，在以何种法律机制保护计算机程序的问题上，各国曾发生激烈争论，多数国家不赞成用《著作权法》保护不具有美感的计算机程序，有的国家提出用著作权的邻接权保护计算机程序，但美国作为当时世界上软件业最发达的国家，极力主张将计算机程序作为作品加以保护。主要的原因在于：世界上绝大多数国家加入了《伯尔尼公约》这个世界性的著作权条约，一旦计算机程序被承认为作品，根据公约的自动保护原则，美国公民开发完成的所有计算机软件将在所有公约成员国自动获得著作权的保护；而且相比于其他知识产权，著作权的保护期限是最长的。在美国的要求下，各国逐步接受了计算机软件作为作品保护这一要求。1994 年，WTO 组织在《TRIPS 协议》中也明确规定了计算机软件作为文字作品保护。

我国在 1991 年 6 月 4 日第一次颁布了《计算机软件保护条例》，1991 年 10 月 1 日起正式实施。2001 年 12 月 20 日公布了新的《计算机软件保护条例》(本章以下简称《条例》)，2002 年 1 月 1 日起施行新的《条例》，废止原条例，2011 年 1 月 8 日通过了第一次修订，

2013 年 1 月 3 日通过了第二次修订。

我国实行计算机软件著作权登记制度。软件著作权人可以向国务院著作权行政管理部门认定的软件登记机构办理登记。但登记并不是软件著作权的生效要件。《条例》规定：“中国公民、法人或者其他组织对其所开发的软件，不论是否发表，依照条例享有软件著作权。外国人、无国籍人的软件根据首次发表原则和国民待遇原则依照条例享有软件著作权。”

二、计算机软件著作权

(一) 计算机软件、软件开发者和软件著作权人

根据《条例》规定，计算机软件(以下简称软件)是指计算机程序及其有关文档。计算机程序是指为了得到某种结果而可以由计算机等具有信息处理能力的装置执行的代码化指令序列，或者可以被自动转换成代码化指令序列的符号化指令序列、符号化语句序列。计算机程序包括源程序和目标程序两种表现形式。源程序是程序员用高级语言编写的，能够被其他程序员所理解的程序；目标程序是由高级语言转化而来，只能为计算机所读取，不被人理解的程序。同一计算机程序的源程序和目标程序被认定为同一作品。文档是指用来描述程序的内容、组成、设计、功能规格、开发情况、测试结果以及使用方法的文字资料和图表等，例如程序设计说明书、流程图、用户手册等。

软件开发者是指实际组织开发、直接进行开发，并对开发完成的软件承担责任的法人或者其他组织；或者依靠自己具有的条件独立完成软件开发，并对软件承担责任的自然人。软件著作权属于软件开发者，条例另有规定的除外。如无相反证明，在软件上署名的自然人、法人或者其他组织为软件开发者。

软件著作权人是指依照本《条例》的规定，对软件享有著作权的自然人、法人或者其他组织。

(二) 计算机软件著作权的内容

计算机软件著作权是仿照著作权的立法设置的，其权利内容也是和著作权的权利内容相似的，但少于著作权的权项，《条例》规定了以下的权利内容。

(1) 发表权：是指决定软件是否公之于众的权利。权利人可采取销售和向他人提供复制件，也可以通过网上发布、产品发布、以销售为目的的展示等方式行使此项权利。

(2) 署名权：是指表明开发者身份，在软件上署名的权利。署名权包括软件著作权人有权决定是否在自己所开发的软件上署名、禁止非软件开发者在软件上署名的权利。

(3) 修改权：是指对软件增补、删节，或改变指令、语句顺序的权利。它是软件制作权人依法享有的对其软件制作修改本和禁止他人擅自制作修改本的权利。

(4) 复制权：是指将软件制作一份或者多份的权利。

(5) 发行权：是指以出售或赠与方式向公众提供软件的原件或复制件的权利。

(6) 出租权：是指有偿许可他人临时使用软件的权利，但是软件不是出租的主要标的的除外。

(7) 信息网络传播权：是指以有线或者无线方式向公众提供软件，使公众可以在其个人选定的时间和地点获得软件的权利。

(8) 翻译权：是指将原软件从一种自然语言文字转换成另一种自然语言文字的权利。

(9) 应当由软件著作权人享有的其他专有使用权。

软件著作权可以转让和许可。转让软件著作权的，当事人应当订立书面转让合同。许可他人使用软件著作权的，当事人应当订立许可使用合同。许可使用合同中软件著作权人没有明确许可的权利，被许可人不得行使。如果是许可他人专有行使软件著作权的，当事人应当订立书面合同。没有订立书面合同或者合同中未明确约定为专有许可的，被许可行使的权利应当视为非专有权利。

(三) 计算机软件著作权的期限

软件著作权自软件开发完成之日起产生。自然人的软件著作权，保护期为自然人终生及其死亡后五十年，截止于自然人死亡后第五十年的 12 月 31 日；对于合作开发的软件著作权，保护期截止于最后死亡的自然人死亡后第五十年的 12 月 31 日；对于法人或者其他组织的软件著作权，保护期为五十年，截止于软件首次发表后第五十年的 12 月 31 日；但软件自开发完成之日起五十年内未发表的，本《条例》不再保护。软件著作权属于法人或其他组织的，法人或其他组织变更、终止后，其著作权由承受其权利义务的法人或其他组织享有；没有承受其权利义务法人或其他组织的，由国家享有。软件开发者身份权的保护期没有限制。关于软件著作权期限的规定和著作权期限的规定是完全一致的。

6.2 计算机软件著作权的限制和其他保护方式

一、计算机软件著作权的限制

《条例》对计算机软件著作权的限制有两个方面，分别是软件的合理使用和权利用尽。

(一) 软件的合理使用

为了学习和研究软件内含的设计思想和原理，通过安装、显示、传输或者存储软件等方式使用软件的，可以不经软件著作权人许可，并不向其支付报酬。但需要注意的是：使用范围仅是为了学习和研究软件；使用的方式是通过安装、显示、传输或者存储软件。

(二) 软件的权利用尽

软件的合法复制品所有人享有下列权利：第一是根据使用的需要把软件装入计算机等具有信息处理能力的装置内；第二是为了防止复制品损坏而制作备份复制品，但这些备份复制品不得通过任何方式提供给其他人使用，并且在软件的合法复制品所有人丧失该合法复制品的所有权时负责将备份复制品销毁；第三是为了把该软件用于实际的计算机应用环境或者改进其功能、性能而进行必要的修改，除合同另有约定外，未经软件著作权人许可，软件的合法复制品所有人不得向任何第三方提供修改后的软件。这就是软件的权利用尽。

二、其他保护计算机软件的方式

由于对软件著作权的保护只限定为计算机程序本身及文档的文字形式，不延及开发软件所用的思想、处理过程、操作方法或者数学概念等。所以在法律实务中常常辅助以其他方式来保护计算机软件这样的智力创造成果。

(一) 计算机软件的专利保护

计算机软件与一般文学艺术作品存在着本质的不同，它是一种实用性的工具，必须能完成某种工作任务。而著作权对计算机软件的保护必须严格遵循不保护技术方案和实用性功能的基本原则。计算机软件中最具价值的设计思想和实用性功能无法受到著作权的保护，各国正在发展用专利法保护计算机软件的法律机制。专利的保护对象是软件的设计开发思想，就是设计程序的流程步骤或方法。凡是属于技术领域内的产生技术效果的技术方案，并且可在以计算机上运行的程序方法或者运行装置，都可以申请专利来加以保护。

目前，不能通过申请专利来保护的典型的软件包括专家系统、游戏程序、纯数字运算、行政管理系统、财务系统、商业活动系统和电子商务等。

(二) 计算机软件的商业秘密保护

对计算机软件的部分内容可以考虑应用《反不正当竞争法》，以商业秘密的方式进行保护。这部分内容包括软件的技术信息和软件的经营信息。

软件的技术信息是指软件的开发计划，软件的设计说明书，软件的算法模型，软件的功能性规格，软件的流程图，软件的源程序清单，软件的测试计划，软件的测试结果等。软件的经营信息是指软件的业务经营计划、市场开拓计划、市场销售情况、财务情况、客户名单、客户分布需求等信息。

(三) 计算机软件的商标保护

申请注册软件商标专用权的对象主要涉及软件的产品名称。这些软件产品可以是记录软件的光盘、软盘、U 盘等，也可以是其他软件产品。

目前，这些方式作为对于计算机软件保护的补充在实务中应用。

思 考 题

1. 计算机软件著作权的保护对象是什么？
2. 如何取得计算机软件著作权？
3. 什么样的计算机软件可以申请专利权保护？

附录一　著作权登记实务

著作权登记包括作品的著作权登记和与著作权有关权利事项登记。

I　作品的著作权登记

一、作品的著作权登记步骤

第一步：登录中国版权保护中心官方网站(http://www.ccopyright.com.cn)。

第二步：点击首页“版权登记”中的“作品登记”，进入“中国版权保护中心著作权登记系统(公测版)”。

第三步：根据实际情况选择对应的快速入口进行登记。

申请人办理作品著作权登记申请，可以选择现场办理或者邮寄办理。现场办理到中国版权保护中心 CPCC 版权登记大厅办理，邮寄办理向中国版权保护中心作品著作权部提交登记申请材料办理。

二、作品的著作权登记程序

申请人提交登记申请材料→登记机构接收材料→通知申请人缴费→申请人缴纳登记费用→登记机构受理、审查申请材料→制作发放登记证书→网站公告。

登记机构受理登记申请后 30 个工作日办理完成。需要补正材料的，申请人自接到补正通知书后 60 日内完成补正，登记机构自收到符合要求的补正材料后 30 个工作日办理完成。

三、作品的著作权登记申请人信息

办理登记申请人的身份包括著作权人亲自办理登记(由著作权人申请)和委托他人代为办理登记(由代理人申请)两种。申请人信息包含以下内容。

(1) 身份类别。

自然人：包括中国自然人，作品作者所属国或者经常居住地国同中国签订有协议或共同参加国际条约的外国人、无国籍人，或者作品首先在中国境内出版的外国人、无国籍人。

法人：包括企业法人、机关法人、事业单位法人、社会团体法人或其他组织。

(2) 姓名或名称。

著作权人是自然人的，应填写身份证件上的真实姓名。著作权人是法人或者非法人组织的，应填写名称全称。著作权人的姓名或名称应与其提交的有效身份证明文件中的姓名或名称一致。

(3) 证件类型。

自然人证件类型包括居民身份证、军人身份证明(军/警官证、士兵证等)、户口本、其他有效证件(例如：护照)等。

各类法人证件类型包括统一社会信用代码证或其他有效身份证件。

四、作品的著作权登记提交材料

(1) 《作品著作权登记申请表》；

(2) 申请人身份证明文件；

(3) 权利归属证明文件(个人作品不需要提供该项)；

(4) 委托他人代为申请时，代理人应提交申请人的授权书(代理委托书)及代理人身份证明文件；

(5) 作品样本。

说明：(1)～(4)项均需在线打印，其中(1)项需提交签章原件，(2)～(4)项需在线上传原件，线下提交打印件；(5)项需在线上传原件，线下提交纸介质或电子介质作品样本。

II 与著作权有关权利事项登记

与著作权有关权利事项登记要求的一至三项和作品的著作权登记要求的一至三项相同，这里只列出与著作权有关权利事项登记提交材料。

(1) 《与著作权有关权利事项登记申请表》；

(2) 申请人的身份证明文件；

(3) 权利归属证明文件；

(4) 录音、录像制品、版式设计样本和记载有表演或广播、电视内容的材料样本；

(5) 委托他人代为申请时，代理人应提交申请人的授权书(代理委托书)及代理人身份证明文件。

附录二　专利申请实务

一、专利申请途径

专利申请有两种形式：书面形式申请和电子形式申请。

书面形式申请提交纸质申请文件。纸质申请文件的接收方式有以下两种。

1. 申请人可以当面提交申请文件至国家知识产权局专利局业务受理大厅，或专利局各代办处受理窗口。

2. 申请人将申请文件邮寄到专利局受理处，或专利局各代办处。

电子形式申请提交电子申请文件。电子申请文件的接收方式是专利电子申请系统。

二、专利申请材料

申请人以书面形式申请专利的，应当向国家知识产权局专利局提交申请文件一式一份。其中：申请发明专利的，应当提交专利法规定的请求书、权利要求书、说明书及其摘要、说明书附图(必要时)；申请实用新型专利的，应当提交专利法规定的请求书、权利要求书、说明书及其摘要、说明书附图；申请外观设计专利的，应当提交专利法规定的请求书、该外观设计的图片或者照片以及对该外观设计的简要说明。

申请人以电子形式申请专利的，应当通过专利电子申请系统(电子申请客户端或在线业务办理平台)以电子文件形式提交相关专利申请文件及手续，提交文件的格式应符合《电子申请文件格式要求说明》《关于外观设计专利电子申请提交规范注意事项》的相关要求。

三、专利受理方式

1. 面交申请的受理

首先填写通知书领取单，确定申请日，进行受理审查。如果审查不合格就退还申请人，并直接告知不合格理由，不予接收；如果审查合格就确定申请日，给出申请号，发出受理通知书和缴费通知书(或费用减缴审批通知书)。

2. 邮寄申请的受理

由收发室接受信件(挂号信)，进行受理审查，如果审查不合格就退还申请人，发出不受理通知书；如果审查合格就确定申请日，给出申请号，发出受理通知书和缴费通知书(提出费用减缓请求的，应当发出费用减缴审批通知书)。

3. 电子申请的受理

用户通过专利电子申请系统(电子申请客户端或在线业务办理平台)提交文件，不符合受理条件的，不予受理。如果审查合格就发出受理通知书和缴费通知书(提出费用减缓请求的，应当发出费用减缴审批通知书)。

四、专利文件送达

1. 直接送达

当事人在受理窗口当面提交专利申请文件的，一般在受理窗口接收通知和决定，也可以要求通知书邮寄送达。当事人逾期未领取的，通知书将以邮寄方式送达。

2. 邮寄送达

不直接送达的文件，专利局通过邮局以挂号信的方式把通知和决定送交当事人。

3. 电子方式送达：

对于以电子文件形式提交的专利申请，专利局以电子文件形式向专利申请提交人发出各种通知书、决定和其他文件，专利申请提交人应当按照电子专利申请系统用户注册协议规定的方式接收。

4. 公告送达：

专利局发出的通知和决定被退回的，如果确定文件因送交地址不清或者存在其他原因无法再次邮寄的，应当在专利公报上通过公告方式通知当事人。自公告之日起满一个月，文件视为已经送达。电子申请用户未及时接收通知或决定的，不作公告送达。

五、专利审批流程

发明专利的审批流程：受理申请→初步审查→公布申请(一般自申请日起十八个月)→实质审查(一般自申请日起三年内)→授权公告。

实用新型和外观设计专利的审批流程：受理申请→初步审查→授权公告。

附录三　商标注册实务

一、商标注册途径

根据《中华人民共和国商标法实施细则》，不同商标注册的主体申请商标注册或者办理其他商标事宜的途径有所不同，提交的相关文件也有差异。

1. 中国自然人、法人组织或者其他组织申请商标注册或者办理其他商标事宜，有两种途径：一是自行办理；二是委托在国家知识产权局商标局备案的商标代理机构办理。自行办理的，在办理过程中申请人与国家知识产权局商标局直接发生联系；委托商标代理机构办理的，在办理过程中申请人通过商标代理机构与商标局发生联系，而不直接与商标局发生联系。

自行办理的线上办理方式：通过网上服务系统在线提交商标注册申请，提交方法详见“中国商标网>网上申请”栏目，商标网上服务系统网址：http://sbj.cnipa.gov.cn/sbj/index.html；线下办理方式：到国家知识产权局商标局注册大厅、商标局驻中关村国家自主创新示范区办事处、商标局在京外设立的商标审查协作中心，或商标局委托地方市场监管部门或知识产权部门设立的商标业务受理窗口办理。

2. 外国自然人或者外国企业在中国申请商标注册和办理其他商标事宜的，应当委托依法设立的商标代理机构办理，但在中国有经常居所或者营业所的外国人或外国企业除外。

3. 中国香港特别行政区、澳门特别行政区和台湾地区居民办理商标申请事宜应委托依法设立的商标代理机构办理。持有在有效期(一年以上)内的《港澳居民来往内地通行证》《台湾居民来往大陆通行证》或《港澳台居民居住证》的港澳台居民，可以自行办理。直接到商标局商标注册大厅办理的，应提交以下文件：按照规定填写打印的《商标注册申请书》并由申请人签字、商标图样、申请人的通行证或居住证复印件。

二、商标注册申请要求及必备文件

1. 中国自然人直接办理商标注册申请时应当提交的文件：按照规定填写打印的《商标注册申请书》并由申请人签字、商标图样、个体工商户营业执照复印件、身份证明文件复印件。

农村承包经营户可以以其承包合同签约人的名义提出商标注册申请，商品和服务范围以其自营的农副产品为限。申请时应提交承包合同复印件。

同一申请人同时办理多件商标的注册申请事宜时，只需要提供一份身份证复印件、个体工商户营业执照复印件或承包合同复印件。

2. 中国法人组织或者其他组织直接办理商标注册申请时应当提交的文件：按照规定填写打印的《商标注册申请书》并加盖申请人公章、商标图样、身份证明文件复印件。同一申请人同时办理多件商标的注册申请事宜时，只需要提供一份身份证明文件(如营业执照副本)复印件。

申请人为中国法人组织或其他组织的，应当使用标注统一社会信用代码的身份证明文件。企业一般应提交营业执照，非企业可以提交《事业单位法人证书》《社会团体法人登记证书》《民办非企业单位登记证书》《基金会法人登记证书》《律师事务所执业许可证》等身份证明文件。期刊证、办学许可证、卫生许可证等不能作为申请人身份证明文件。代表处、办事处不能以自己的名义申请商标注册。

3. 外国人办理商标申请事宜应委托依法设立的商标代理机构办理。在中国有经常居所的外国人，可以自行办理。直接到商标注册大厅办理的，应提交以下文件：按照规定填写打印的《商标注册申请书》并由申请人签字、商标图样、申请人的身份证明文件复印件、公安部门颁发的《外国人永久居留证》或有效期一年以上《外国人居留许可》的复印件。

三、商标注册申请程序

申请人提出注册申请，向商标局提交申请材料，商标局进行形式审查，没有通过限期改正，改正后如果仍然不符合要求则不予受理，通过后进入实质审查，通过实质审查后，进行初步审定公告，没有异议的则核准注册，并进行注册公告。

附录四　集成电路布图设计专有权登记实务

一、集成电路布图设计专有权登记的途径

电子申请或纸件申请两种方式。

1. 电子申请方式，申请人登录集成电路布图设计电子申请平台 http://vlsi.cnipa.gov.cn 办理。

2. 纸件申请方式采用面交或者寄交。申请人采用面交方式时，将申请文件面交到国家知识产权局专利局的受理窗口；申请人采用寄交的方式时，在信封上注明“集成电路布图设计”，寄交“国家知识产权局专利局受理处”收。

二、集成电路布图设计专有权登记的主体

集成电路布图设计登记的申请人应至少具备下列条件之一：

1. 中国自然人、法人或者其他组织创作的布图设计；

2. 外国人创作的布图设计首先在中国境内投入商业利用的；

3. 外国人创作的布图设计，其创作者所属国同中国签订有关布图设计保护协议或者与中国共同参加有关布图设计保护国际条约的。

三、集成电路布图设计专有权登记申请文件

(一) 必须提交的文件

1. 集成电路布图设计登记申请表 1 份(相关表格可登录国家知识产权局网站 www.cnipa.gov.cn 下载)。

2. 图样 1 份。

3. 图样的目录 1 份。

(二) 可能需要提交的文件

1. 集成电路布图设计在申请日之前已投入商业利用的，申请登记时应当提交 4 件样品。

2. 申请人委托代理机构的，还应提交集成电路布图设计登记代理委托书。

(三) 此外，申请人还可以自由选择以下文件是否提交

1. 包含该集成电路布图设计图样电子件的光盘。

2. 集成电路布图设计的简要说明。

四、集成电路布图设计专有权登记流程

(一) 填写《集成电路布图设计登记申请表》

填写《集成电路布图设计登记申请表》应当写明下列各项内容：申请人的姓名或者名称、地址或者居住地以及国籍；布图设计的名称、创作者的姓名或者名称；布图设计的创作完成日期；该布图设计所用于的集成电路的分类；申请人委托专利代理机构的，应当注明的有关事项；申请人未委托专利代理机构的，写明联系人的姓名、地址、邮政编码及联系电话；有商业利用行为的，写明该行为的发生日；布图设计登记申请有保密信息的，写明含有该保密信息的图层的复制件或者图样页码编号及总页数；申请人或者专利代理机构的签字或者盖章；申请文件清单；附加文件及样品清单；以及其他需要注明的事项。

(二) 准备申请材料

纸件申请方式需要准备的材料如下。

1. 图样：包括该集成电路布图设计的总图和分层图，打印在 A4 纸上，当图纸有多张时，应顺序编号。

2. 图样的目录：应写明每页图纸的图层名称。

3. 样品：所提交的 4 件集成电路样品应当置于专用器具中，器具表面应当贴上标签，写明申请人的姓名和集成电路布图设计名称。

4. 简要说明：说明该集成电路布图设计的结构、技术、功能和其他需要说明的事项。

5. 光盘：光盘内存有该集成电路布图设计图样的电子文件。光盘表面应当写明申请人的姓名和集成电路布图设计名称。

电子申请方式需要准备的材料如下。

1. 图样、图样的目录、委托书及简要说明：需将相应文件制作为符合规定格式的图形文档，然后，再将属于同一文件类别(如图样为一类别，目录为另一类别)的多个符合规定格式的文件图形文档压缩为一个 zip 格式的压缩包进行上传。除登记申请表以外的其他申请文件或中间文件应当以 zip 压缩包的形式上传。一种文件类别制作一个压缩包。zip 压缩包内不得有文件夹，包内文件应当为 tiff/tif 格式的文件。Tiff/Tif 文件应当以 1.tiff、2.tiff、3.tiff 等连续的数字命名。上传文件不得大于 150M。

2. 样品：与纸件申请相同，仍然需要以邮寄的形式寄交到国家知识产权局专利局受

理处。

3. 光盘：电子申请不需要提交光盘。

(三) 申请材料的受理、审查及决定

申请人提交的申请文件，经国家知识产权局审查，符合受理条件且未发现形式缺陷的，审查员发出受理通知书和缴费通知书；符合受理条件但存在形式缺陷的，审查员发出受理通知书和补正通知书，申请人应按补正通知书上的要求，在规定期限内提交补正材料，如果经补正已克服全部缺陷，则审查员发出缴费通知书；不符合受理条件的，发出不受理通知书。

受理通知书和不受理通知书均由国家知识产权局发送。

纸件申请方式的通知书将以挂号信的形式发送。

电子申请方式的通知书将以电子文件形式，通过集成电路电子申请系统向电子申请用户发出。电子申请用户应及时登录 http://vlsi.cnipa.gov.cn 接收通知书。电子申请用户未及时接收的，不作公告送达。电子申请若需获取纸件通知书，应当在提交电子申请的同时，在相关页面进行选择。

附录五　计算机软件著作权登记实务

一、计算机软件著作权登记的途径

1. 申请人可以自行办理计算机软件著作权登记，也可以委托代理机构办理登记。

2. 申请人办理软件著作权登记可到中国版权保护中心登记大厅现场办理，需提前在中国版权保护中心微平台预约。

3. 申请人可使用挂号信函或特快专递邮寄。

二、计算机软件著作权登记的主体

1. 计算机软件著作权人为自然人的，应提交有效的自然人身份证复印件(正反面复印)。

2. 计算机软件著作权人为企业法人或事业法人的应提交有效的企业法人营业执照或事业单位法人证书副本复印件，并需加盖单位公章。

3. 计算机软件著作权人为外国自然人的，应提交护照复印件及护照复印件的中文译本，并需翻译者签章。

4. 计算机软件著作权人为香港企业法人的，应提交注册登记证书和有效期内的商业登记证书正本复印件，并需经中国司法部委托的香港律师公证。

5. 计算机软件著作权人为台湾企业法人的，需出示经台湾地区的法院或公证机构认证的法人身份证明文件，填写并提交《台湾法人证明》。

6. 计算机软件著作权人为外国法人及其他组织的，应提交申请人依法登记并具有法人资格的法律证明文件，该证明文件须经过中国驻当地领事馆的认证或经当地公证机构公证方为有效。申请时需提交公证或认证的证明文件原件。目前国外法人因所在国家或地区不同，其提交的法人身份证明文件内容和格式会有所不同，但文件中的基本信息项应至少包括：(1) 法人名称；(2) 注册日期；(3) 注册地；(4) 注册证明编号；(5) 证明文件的有效期等基本信息。

以上身份证明文件以及与登记有关的其他证明文件(例如：合同或协议等证明)是外文的，须一并提交经有翻译资质的单位翻译并加盖翻译单位公章的中文译本原件。

三、计算机软件著作权登记申请文件

计算机软件著作权登记申请文件应当包括：《软件著作权登记申请表》、软件的鉴别材料、申请人身份证明、联系人身份证明和相关的证明文件各一式一份。在中国版权保护中心登记大厅现场办理的，还需出示办理人身份证明原件。

1. 软件著作权登记申请表

应当提交在线填写的申请表打印件，不可复制、下载和擅自更改表格格式，签章应为原件。

2. 软件(程序、文档)的鉴别材料

(1) 一般交存。源程序和文档应提交前、后各连续30页，不足60页的，应当全部提交；

(2) 例外交存。请按照《计算机软件著作权登记办法》规定的方式之一提交软件的鉴别材料。包括：源程序的前、后各连续的30页，其中的机密部分用黑色宽斜线覆盖，但覆盖部分不得超过交存源程序的50%；源程序连续的前10页，加上源程序的任何部分的连续的50页；目标程序的前、后各连续的30页，加上源程序的任何部分的连续的20页。文档作例外交存的，参照此款规定处理。

注： 申请人若在源程序和文档页眉上标注了所申请软件的名称和版本号，应当与申请表中相应内容完全一致，右上角应标注页码，源程序每页不少于50行，最后一页应是程序的结束页，文档每页不少于30行，有图的除外。

3. 有关证明文件

证明文件包括：申请人、代理人及联系人的身份证明文件、权利归属证明文件等。

四、计算机软件著作权登记流程

1. 办理流程

填写申请表→提交申请文件→登记机构受理→登记机构审查→取得登记证书。

2. 填写申请表

在中国版权保护中心网站上，首先进行用户注册，然后用户登录，在线按要求填写申请表后，确认、提交并在线打印。

3. 提交申请文件

申请人或代理人按照要求提交纸质登记申请文件。

4. 登记机构受理

申请材料符合受理要求的，予以受理；软件被查封、重复申请，或申请材料不齐全等的，不予受理(例如，申请确认签章页无签章的，或没有上传正确的申请确认签章页/鉴别材料的，均视为未提交相应材料，不予受理)，除不予受理情形外，申请材料存在问题的，应当在30日内按要求提交补正，逾期未补正的，视为撤回申请。

5. 登记机构审查

自受理日起60日内审查完成所受理的申请，申请符合《计算机软件保护条例》和《计算机软件著作权登记办法》规定的，予以登记；不符合规定的，应当在30日内按要求提交补正，逾期未补正的，视为撤回申请；符合《计算机软件著作权登记办法》第二十一条有关规定的，包括：(一)表格内容填写不完整、不规范，且未在指定期限内补正的；(二)提交的鉴别材料不是《条例》规定的软件程序和文档的；(三)申请文件中出现的软件名称、权利人署名不一致，且未提交证明文件的；(四)申请登记的软件存在权属争议的。以上情形，登记机构将不予登记并书面通知申请人或代理人。

6. 获得登记证书

登记完成后，申请人或代理人可登录中国版权保护中心网站，查阅软件著作权登记公告。北京地区的申请人或代理人在查阅到所申请软件的登记公告后，可持受理通知书原件在该软件登记公告发布3个工作日后，到中国版权保护中心版权登记大厅领取证书。申请人或代理人的联系地址是外地的，中国版权保护中心将按照申请表中所填写的地址邮寄证书。

参 考 文 献

[1] 吴汉东. 知识产权法学[M]. 北京：北京大学出版社，2022.

[2] 王迁，知识产权法教程[M]. 北京：中国人民大学出版社，2021.

[3] 《十二国著作权法》翻译组，十二国著作权法[M]. 北京：清华大学出版社，2011.

[4] 《十二国专利法》翻译组，十二国专利法[M]. 北京：清华大学出版社，2013.

[5] 《十二国商标法》翻译组，十二国商标法[M]. 北京：清华大学出版社，2013.

[6] 国家知识产权局，专利审查指南 2010(2019 年修订)[M]. 北京：知识产权出版社，2019.